# 道路驾驶行为谱理论与智能辨识方法及应用

陆　键　王　可　蒋愚明　陈圣迪　邢莹莹　著

同济大学出版社
TONGJI UNIVERSITY PRESS
·上海·

**图书在版编目(CIP)数据**

道路驾驶行为谱理论与智能辨识方法及应用/陆键等著. --上海：同济大学出版社，2025.8.-- ISBN 978-7-5765-1509-1

Ⅰ. U471.1

中国国家版本馆 CIP 数据核字第 2025AW3651 号

**道路驾驶行为谱理论与智能辨识方法及应用**

陆　键　王　可　蒋愚明　陈圣迪　邢莹莹　**著**

**责任编辑**　宋　立　　**助理编辑**　陈妮莉　　**责任校对**　徐逢乔　　**封面设计**　唐思雯

出版发行　同济大学出版社　　www.tongjipress.com.cn

(地址:上海市四平路 1239 号　邮编:200092　电话:021-65985622)

经　　销　全国各地新华书店

排　　版　南京文脉图文设计制作有限公司

印　　刷　苏州市古得堡数码印刷有限公司

开　　本　787mm×1092mm　1/16

印　　张　9.5

字　　数　214 000

版　　次　2025 年 8 月第 1 版

印　　次　2025 年 8 月第 1 次印刷

书　　号　ISBN 978-7-5765-1509-1

定　　价　68.00 元

# 前言

人作为交通系统的主体，在交通行为中起主导作用，驾驶员的不良驾驶行为是交通事故频发的主要原因。与以减少事故发生时或发生后的损害为目的的被动安全技术不同，道路交通安全主动防控技术可以在事故发生前，提前监测和预警潜在的不安全因素，而更具现实意义。因此，我们迫切需要从驾驶员的角度出发，对驾驶行为特别是那些可能导致交通事故的不良驾驶行为进行深入细致的研究，探索其内在的规律与特征，以更好地理解和辨识驾驶员的行为模式，进而采取相应的措施来预防和减少交通事故的发生。

驾驶行为谱作为驾驶行为领域内的新生概念，旨在从驾驶员反应能力、感知能力、风险偏好、操控能力等角度全面量化驾驶行为特征。本书依托驾驶行为谱理论，研究聚焦驾驶行为特征的全面量化分析，以及驾驶行为谱的构建与应用。在借鉴国内外研究成果的基础上，结合我国道路交通实际情况，提出适用于我国道路环境的驾驶行为谱构建方法，综合考虑包括速度、加速度、跟驰距离、换道频率在内的多种驾驶行为特征参数，通过科学的统计分析和机器学习算法，实现对驾驶行为的精准辨识和分类，以提升道路交通安全水平，同时也为交通安全管理及智能驾驶技术的开发提供理论支撑。

全书共分为 7 章。第 1 章介绍了驾驶行为谱的基本概念、驾驶行为特征提取，以及不良驾驶行为的碰撞风险、分类及影响因素分析。第 2 章阐述了驾驶行为数据的获取与处理方法，介绍了基于视频处理的车辆行驶轨迹提取技术、数据预处理技术和模拟实验平台及其模块功能。第 3 章介绍了不良驾驶行为谱的构建与特征值提取方法，为驾驶行为评估提供了量化依据。第 4 章介绍了可视化分析方法和频域特征分析方法，以及傅里叶变换和小波变换原理及其在驾驶行为分析中的应用。第 5 章分析了不同交通状态下驾驶行为的差异，并提出了碰撞风险评估方法和危险驾驶员标定方法。第 6 章提出了基于 AutoML 框架的风险驾驶员识别方法，包括采样方法（如 ROS、SMOTE、SVMSMOTE 等）、成本敏感的 XGBoost 损失函数、概率校准等。第 7 章阐述了不良驾驶行为风险识别方法与评估指标体系的构建，并选取典型场景进行了案例分析。

在撰写本书的过程中，笔者力求语言简洁明了、符合学术规范，以便读者能够理解并掌握相关知识。希望本书的出版能够为相关领域的研究者和实践者提供有益的指导和帮助。对于书中不足之处，也恳请广大读者批评指正。

陆　键

2023 年 12 月 28 日

# 目录

## 第 7 章

## 不良驾驶行为的风险评估

# 第1章

# 绪　论

## 1.1 驾驶行为谱

近年来，随着交通系统的高度信息化和智能化，以及智能车辆技术的快速发展，微观驾驶行为的研究引起越来越多学者的重视，并对交通流理论、交通仿真、交通安全等交通工程学科的重要板块产生了重大影响。但由于驾驶行为受到人、车、路、环境等多种因素共同影响，且驾驶人的行为存在外部差异性与内部随机性，所以对驾驶行为进行精细建模存在重大挑战。驾驶行为谱(Driving Behavior Spectrum)是由我国学者率先提出的概念，旨在从驾驶人的反应能力、感知能力、风险偏好、操控能力等角度全面量化驾驶行为特征，建立不同人群、车辆、道路与环境下的驾驶行为特征参数分布、交互、影响机理与演化规律。其难点之一在于构建客观和具有普适性的驾驶行为特征参数提取方法与阈值确定方法。

驾驶行为模型与驾驶行为谱的发展相互依存。以跟驰模型和换道模型为代表，对驾驶行为模型的研究历程已长达70余年。以经典的Gazis-Herman-Rothery(GHR)跟驰模型为例，如式(1-1)所示。

$$a_n(t)=\alpha v_n^m(t)\frac{\Delta v(t-\tau)}{[\Delta x(t-\tau)]^l} \tag{1-1}$$

式中 $a_n(t)$——第 $n$ 辆车在 $t$ 时间的加速度；

$v_n(t)$——第 $n$ 辆车在 $t$ 时间的速度；

$\Delta v$——第 $n$ 辆车与前车的速度差；

$\Delta x$——第 $n$ 辆车与前车的车间距；

$\tau$——驾驶人反应时间；

$\alpha$——驾驶人反应敏感系数；

$m$，$l$——待定系数，可认为受驾驶人特性、道路类型、交通流状态等多种因素共同影响。

在GHR跟驰模型中，$\tau$、$\alpha$、$m$、$l$ 等系数均可认为与驾驶人行为特征有关，驾驶行为谱的构建依赖驾驶行为模型的参数标定。但由于传统的驾驶行为模型不能全面描述复杂交通场景下的微观驾驶行为的差异性与随机性，而新型的面向全场景、全任务的通用驾驶行为模型仍在研究发展之中，所以驾驶行为谱的构建面临诸多挑战。

## 1.2 驾驶行为特征提取

在利用人工智能进行不良驾驶行为识别与建模的过程中，需要提取驾驶行为数据中的关键特征，以作为不良驾驶行为识别模型的输入变量，这不仅能够提高模型的识别效率，还可以提高模型的识别准确度，增加模型的可应用性。

目前，针对驾驶行为的轨迹变量，主要提取轨迹变量的时域特征和频域特征来作为识别模型的输入变量，以实现危险驾驶行为的精确识别。其中，时域特征的提取主要包括利用统计方法提取轨迹变量时间序列中的最大值、最小值、均值、标准差和百分位数等时域特征。频域特征的提取则主要通过离散小波变换（Discrete Wavelet Transform，DWT）、离散傅里叶变换（Discrete Fourier Transform，DFT）等方法，提取轨迹变量时间序列中的频域信号作为关键特征。

其中，离散小波变换将轨迹变量的时间序列转换成频域信号，提取频域信号中的离散小波系数作为危险驾驶行为识别的关键特征参数。离散小波系数包括小波近似系数 $cAx$ 和细节系数 $cDx$，二者都可作为关键特征参数输入危险驾驶行为识别模型。基于三层小波分解的近似系数重构的速度信号与原始速度信号的对比如图 1-1 所示。可以发现，随着小波分解层数的增加，复构的小波越加平滑。DWT 算法中的分解层数会影响频域信号特征的提取结果。

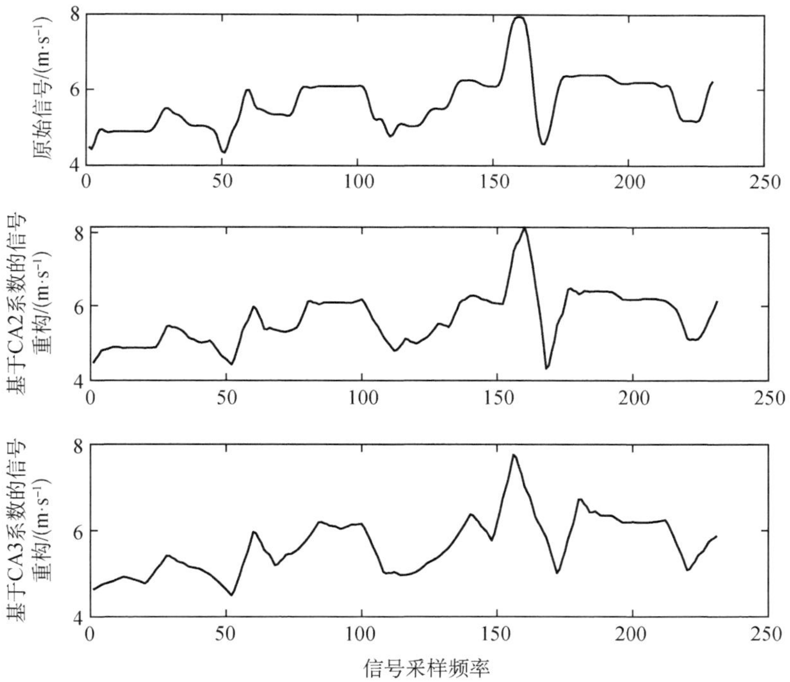


**图 1-1　基于不同 DWT 系数的信号重构**

离散傅里叶变换能够将离散的轨迹变量的时间采样转换成频域采样。在形式上，变换两端（时域和频域上）的序列是有限长的，而实际上这两组序列都应当被认为是离散周期信号的主值序列。即使对有限长的离散信号作离散傅里叶变换，也应当将其看作周期延拓的变换。在实际应用中，通常采用快速傅里叶变换计算离散傅里叶系数。一个时间序列（$x_1$，$x_2$，…，$x_N$）的离散傅里叶系数（$DFT_0$，$DFT_1$，…，$DFT_{N-1}$）定义为

$$DFT_k = \sum_{n=0}^{N-1} x_n e^{\left(-\frac{2\pi i}{N}kn\right)} \quad (1-2)$$

式中 $x_n$——原始的时间序列；

$N$——DFT 区间的长度；

i——虚数单位。

将跟驰样本和换道样本的离散的轨迹变量通过离散傅里叶变换得到离散傅里叶系数，作为变量的频域特征值。

## 1.3 不良驾驶行为碰撞风险

驾驶人在驾驶过程中，受自身驾驶技巧、驾驶经验等因素的影响。准确评估驾驶人的驾驶行为是识别危险驾驶行为的基础。本书采用碰撞风险评价指标，对驾驶行为进行评价，即样本标定。危险驾驶行为与碰撞事故具有直接的关联，因此，根据碰撞风险评估驾驶人的驾驶行为是可靠且合理的。相比于速度、加速度等驾驶轨迹数据，碰撞风险参数更能表征驾驶行为的差异化。Mahmud 等比较了时间类和空间类碰撞风险评价指标的优缺点[1]。时间类指标包括碰撞时间、事故发生时间、车头时距等；空间类指标包括碰撞概率、紧急停车距离等。本书基于碰撞风险参数提出了一种新的危险驾驶行为评价方法，即通过碰撞风险评价指标测评驾驶人在驾驶过程中的碰撞风险变化趋势，进而确定其驾驶行为的危险程度。部分常用的风险评价指标包括碰撞时间、碰撞时间倒数、车头时距、碰撞裕度等。下面，我们对部分风险评价指标进行介绍。

(1) 碰撞时间倒数(Inversed Time to Collision, ITTC)[2]。自动防碰撞系统或驾驶辅助系统等大多采用碰撞时间作为警告标准。但是针对前后车运动速度保持相同水平的状态，碰撞时间无法评价其风险，而碰撞时间倒数可以用来评价碰撞风险。碰撞时间(Time to Collision, TTC)表示当前情况下，本车与前车保持相对速度不变，发生碰撞的预计时间，如式(1-3)所示。当前后车的速度差值很小时，TTC 的值很大，为了控制参数的范围，本书采用 TTC 的倒数 ITTC 描述碰撞风险，如式(1-4)所示。ITTC 的数值越大，车辆碰撞的风险越大。

$$TTC = d/(v_f - v_p) = (x_r - l_p)/(v_f - v_p) = (x_p - x_f - l_p)/(v_f - v_p) \quad (1-3)$$

$$ITTC = 1/TTC \quad (1-4)$$

式中 $d$——前后车辆的车间距；

$x_r$——前后车辆的相对距离；

$x_p$，$x_f$——前车车头和后车车头的位置，且 $x_p > x_f$；

$l_p$——前车车长；

$v_p$——前车速度；

$v_f$——后车速度。

(2) 车头时距(Time Headway, THW)。车头时距是另一个用来评价驾驶风险的常用参数,通常认为安全的跟驰行为应保持大于 2 s 的车头时距[3]。车头时距描述的是本车保持当前速度的情况下,到达此时前车位置所需要的时间,如式(1-5)所示。在稳定跟驰中,该参数决定了驾驶人的潜在碰撞风险。THW 的数值越小,车辆碰撞的风险越大。

$$THW = x_r / v_f = (x_p - x_f) / v_f \tag{1-5}$$

基于碰撞风险评价指标的值,利用非监督型算法,例如 K-均值聚类算法,对驾驶行为样本进行风险标记,得到的样本标记结果可以为不良驾驶行为智能识别模型提供参考。

## 1.4 不良驾驶行为分类

驾驶行为是驾驶员操作车辆的外在表现,其过程为在车辆行驶时,驾驶员通过感知道路环境和交通环境等外界信息,对信息进行综合分析后作出决策,最后通过操作改变车辆的速度和方向,使得车辆能快速通行。而不良驾驶行为主要是指驾驶员为实现自己的驾驶意图而产生不规范、违反交通规则等侵犯到其他交通参与者的利益,并导致或者可能导致交通秩序紊乱、危害他人或自身安全的驾驶行为,如超速行驶、违规超车等属不良驾驶行为。针对国省干道公路和低等级公路,不良驾驶行为可分为以下几类:跟驰过近、危险换道、不良变道、蛇形驾驶(横向摆动)、车道侵占、速度不稳定和强行插入等。

(1) 跟驰过近主要体现在前后车车头时距过小或者距离过近,车距保持不足,易导致车辆追尾和连环碰撞等交通事故。

(2) 危险换道是指驾驶员在换道的过程中,因与周围车辆速度差较小、间距保持不足或对向车道有来车等情况,而产生的危险驾驶行为。危险换道容易对交通流造成较大干扰,从而引发交通事故。

(3) 不良变道是指车辆在变道过程中,由于操作不当引起交通冲突的驾驶行为。不良变道主要体现为频繁变换车道、连续变换两车道等。频繁变道是指驾驶员变更车道的次数超过正常安全行驶变更车道次数的驾驶行为。

(4) 蛇形驾驶是指车辆行驶过程中左右摆动呈蛇形。频繁横向摆动容易干扰周围车辆的视线,导致周边驾驶员对交通情况判断不及时,进而引发交通事故。

(5) 车道侵占是指驾驶员所驾驶的车辆未在规定的车道行驶,主要体现为压线行驶,这本身就是一种违章驾驶行为,不仅会对自身车辆产生不利影响,还会影响周围正常行驶车辆的安全。

(6) 速度不稳定主要体现在车辆频繁加减速,这容易造成后车驾驶员无法准确判断跟驰距离,从而导致车辆追尾和连环碰撞等交通事故。

(7) 强行插入。强行插入和正常汇入的差异体现在汇入车辆驾驶员对可插车间隙的选择,若驾驶员选择安全间隙时间实施汇入行为,则不会对主路交通流造成不良影响;而若汇入车辆驾驶员在小于临界间隙时间的情况下强制汇入,则会严重影响主路车流的运行效益和交通安全。

## 1.5 不良驾驶行为影响因素分析

在驾驶过程中，驾驶行为会直接受到驾驶环境因素的影响。例如，在不同的交通流密度下，驾驶行为会受到不同的干扰。除此之外，驾驶员作为交通系统中随机性最强的因素，也会表现出不同的驾驶习惯和驾驶特性。交通行为模型中使用的影响因子（或输入变量，自变量）分为两大类：环境因素和个体差异。其中，环境因素主要包括天气、道路特征、交通流状况和车辆性能等。个体差异主要包括驾驶员的年龄、性格、职业、受教育程度、注意力集中程度、反应认知决策能力、激进程度和其他生理学指标等。

针对交通环境因素对驾驶行为影响的研究，部分集中在道路特征。陈豪[4]综述了道路条件和道路等级对驾驶行为的影响，发现道路半径、曲线路段以及道路线性等条件对行车安全有较大的影响。Chandrasiri 等[5]研究了曲线路面对驾驶行为的影响，通过设置不同曲率和半径路面的驾驶模拟场景，评价驾驶员的驾驶技巧。此外，不同道路等级下的道路环境、交通环境以及交通工程设施等存在明显差异，这些差异也会对驾驶行为产生影响[6]。Carney 等[7]针对青少年驾驶员，分析了车祸发生时的道路状况（如路面状态、道路等级等）、环境因素（如光照、天气、时间等）以及驾驶员个体因素（如驾龄、性别、辅助驾驶操作等）对驾驶行为的影响。此外，雪天、雨天、雾天等不同的天气状况下，驾驶行为同样会受到影响。高坤等[8]对比了不同能见度的雾霾天气对跟驰驾驶行为的影响，发现雾霾天气能见度低时，驾驶员倾向于采取更积极的加速反应来紧随前车，同时又更加谨慎地采取减速反应避免碰撞。Zhao 等[9]研究了环岛交通区域的设置对驾驶行为的影响，通过设置绕行自行车在不同车道骑行时扰乱驾驶行为的场景，分析和识别了不同车道自行车绕行情况下的驾驶模式。车辆类型也会影响驾驶行为，驾驶员在驾驶不同类型车辆时，驾驶行为会表现出明显差异。薛清文等[10]对比了大车和小车在跟驰驾驶和换道驾驶过程中的轨迹变量，发现由于大车和小车的车辆性能不同，不同类型的车辆轨迹特征具有显著差异。Zhang[11]采用 2 辆中型车和 1 辆重型车组成实验车队，通过自然驾驶实验，评估了不同车辆性能下的驾驶员驾驶行为。

除了道路特征、交通环境和车辆类型外，驾驶员的个体特征也会影响驾驶行为。个体特征可以归纳为两类，即内在因素和外在因素。内在因素包括驾驶经验、分心程度、疲劳程度和认知能力等；外在因素包括年龄、性格、职业和受教育程度等。

针对内在因素对驾驶行为的影响，Kumagai 等[12]通过调查问卷的方式，研究了无信号灯交叉路口的驾驶行为与驾驶经验之间的关系，发现随着通过路口次数的增加，驾驶员刹车的起始地点与交叉路口边缘的距离逐渐减小。Zhou 等[13]研究了认知力分散对驾驶员换道意识的影响机理，通过实验模拟驾驶员“专心驾驶”和驾驶过程中进行“次要任务”两种情况下的驾驶行为，结果表明认知力分散会导致驾驶员换道意识滞后，同时在换道过程中对交通状况查验不足，而增加了驾驶风险。Dozza 等[14]研究了驾驶行为过程中使用手机导致的分心驾驶行为。该研究将实验者分为三个年龄群体，从 108 个实验对象中收集自然驾驶数据，以分析实验对象使用手机时注意力分散对横向和纵向驾驶行为的影响机理。Drews 等[15]分析了驾驶员在驾驶过程中与乘客交谈和通过手机通话时不良驾驶行为的发生频率。实验结果表明，在手机通话过程中发生不良驾驶行为的频率较高。

针对外在因素对驾驶行为的影响，Pradhan 等[16]通过模拟驾驶实验，记录了多个不同年龄段的驾驶员在 16 种危险驾驶环境中的眼部活动，分析了驾驶员对于危险环境的反应与年龄之间的关系。Ehsani 等[17]对驾驶员性格、驾驶行为与车辆碰撞风险之间的关系进行研究，通过自然驾驶实验，收集了实验对象获得驾照后的 18 个月的驾驶数据，分析了风险驾驶行为（包括碰撞、接近碰撞等高危行为）的发生频率与驾驶员性格之间的关系。Ishibashi 等[18]通过驾驶风格问卷，分析了驾驶员的性格特性与车辆跟驰行为之间的关系。

通过以上的综述可以发现，驾驶行为会受到环境因素和驾驶员个体特征的影响。因此，在识别危险驾驶行为的过程中，不仅需要考虑车辆本身的轨迹特征，还要结合其他影响因素，进而建立一个融合多源特征的不良驾驶行为识别模型。

**参考文献**

[1] MAHMUD S M S, FERREIRA L, HOQUE M S, et al. Application of proximal surrogate indicators for safety evaluation: a review of recent developments and research needs[J]. IATSS Research, 2017, 41(4): 153-163.

[2] MENG Q, QU X. Estimation of rear-end vehicle crash frequencies in urban road tunnels[J]. Accident Analysis and Prevention, 2012, 48(5): 254-263.

[3] MICHAEL P G, LEEMING F C, DWYER W O. Headway on urban streets: observational data and an intervention to decrease tailgating [J]. Transportation Research Part F: Traffic Psychology and Behaviour, 2000, 3(2): 55-64.

[4] 陈豪. 道路条件与行车环境对驾驶行为的影响综述[J]. 交通科技与管理，2020，8：160-161.

[5] CHANDRASIRI N P, NAWA K, ISHII A. Driving skill classification in curve driving scenes using machine learning[J]. Journal of Modern Transportation, 2016, 24(3): 1-11.

[6] 罗骁. 山区公路典型行驶轨迹特性及驾驶行为模式研究[D]. 重庆：重庆交通大学，2015.

[7] CARNEY C, MCGEHEE D, HARLAND K, et al. Using naturalistic driving data to assess the prevalence of environmental factors and driver behaviors in teen driver crashes[R]. Iowa State: University of Iowa, 2015.

[8] 高坤，涂辉招，时恒，等. 雾霾天气低能见度对不同跟驰状态驾驶行为的影响[J]. 吉林大学学报：工学版，2017，47(6)：1716-1727.

[9] ZHAO M, KATHNER D, JIPP M, et al. Modeling driver behavior at roundabouts: results from a field study[C]. IEEE Intelligent Vehicles Symposium, 2017.

[10] 薛清文，蒋愚明，陆键. 基于轨迹数据的危险驾驶行为识别方法[J]. 中国公路学报，2020，33(6)：84-94.

[11] ZHANG D. Vehicle parameters estimation and driver behavior classification for adaptive shift strategy of heavy-duty vehicles[D]. Clemson: Clemson University, 2017.

[12] KUMAGAI T, TAKAHASHI A. Influence of repeated experience on unsignalized intersection crossing behavior of drivers without right-of-way [C]//International Conference on Human-

Computer Interaction. Heidelberg: Springer, 2013.

[13] ZHOU H, ITOH M, INAGAKI T. How do cognitive distraction affect driver intent of changing lanes [C]//International Conference on Intelligent Robotics and Applications. Heidelberg: Springer, 2009.

[14] DOZZA M, FLANNAGAN C A C, SAYER J R. Real-world effects of using a phone while driving on lateral and longitudinal control of vehicles[J]. Journal of Safety Research, 2015, 55(12): 81-87.

[15] DREWS F A, PASUPATHI M S, DAVID L. Passenger and cell phone conversations in simulated driving[J]. Journal of Experimental Psychology Applied, 2008, 14(4): 392-400.

[16] PRADHAN A K, HAMMEL K R, DERAMUS R, et al. Using eye movements to evaluate effects of driver age on risk perception in a driving simulator[J]. Human Factors, 2005, 47(4): 840-852.

[17] EHSANI J P, LI K, SIMONS-MORTON B G, et al. Conscientious personality and young drivers' crash risk[J]. Journal of Safety Research, 2015, 54: 83-87.

[18] ISHIBASHI M, OKUWA M, DOI S, et al. Indices for characterizing driving style and their relevance to car following behavior[C]//SICE Annual Conference. Takamatsu: IEEE, 2007.

# 第2章

# 道路驾驶行为数据采集与预处理技术

## 2.1 基于视频处理的车辆行驶轨迹提取

使用无人机拍摄视频采集数据具有适用性强、信息量大等优点，拍摄的视频可通过相关软件进行处理，提取车辆轨迹数据，进而获取包括车头时距、车辆运行速度、加速度在内的一系列交通运行参数，为不良驾驶行为识别参数及其阈值的确定提供数据支撑。

数据采集时间的选择直接影响调查结果，数据采集的时间一般选取在风力不大于 4 级的阴天或晴天，且选取早晚高峰时段或者正午时段，满足车辆持续流动、无拥堵情况、在交叉口正常排队等交通条件，以满足拍摄要求。数据采集地点选取双向多车道的平整、干燥且长直的道路，避开匝道、转弯、纵坡等干扰因素，采集的图像如图 2-1 所示。

**图 2-1　高精度采集图像**

由于在交通量较小时换道行为较少，因此选择在交通高峰时段、正常交通流状态下进行视频拍摄。拍摄时，车辆速度的分布在 60～120 km/h，以确保排除交通拥堵状态。考虑到高速公路车辆行驶速度较快，且单台无人机拍摄范围有限，因此决定采用两台无人机在距地面 200 m 高空进行连续拍摄，在拍摄的过程中，要保证两台无人机拍摄范围有一定的重叠区域，以方便后期进行视频拼接，实际拍摄图像和图像拼接示例分别如图 2-2 和图 2-3 所示。两台无人机建立同样的坐标系，若车辆在重叠区域具有相同的坐标，则判定为同一车辆，从而实现跨视频画面的车辆拼接。

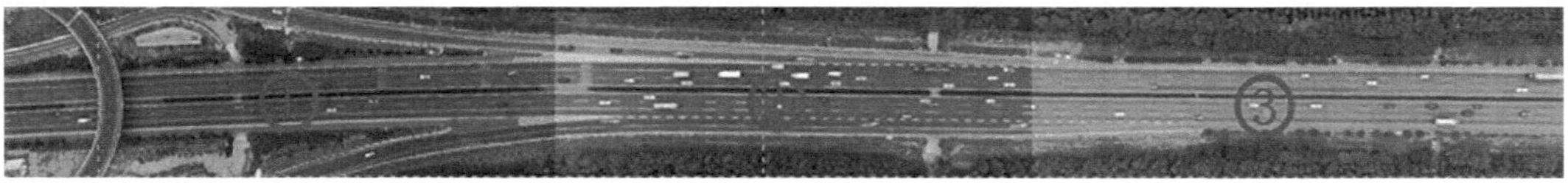


**图 2-2　实际拍摄图像**

图 2-3　图像拼接示例

为了使获取的数据满足研究需要，对所拍摄的路段采用倾斜摄影的方法建立高精度地图，精度误差可控制在±5 cm 之内。在车辆识别的过程中，由于部分车辆颜色与路面接近等原因，存在轨迹跳跃的现象，因此需对获取的数据进行降噪平滑处理，排除异常数据。通过在试验车上搭载 GPS 的方式获取车辆的真实行驶速度，并与视频中提取的速度值进行对比，得出速度误差在±2 km/h 的范围之内。最终从无人机视频中获取的数据包括每辆车的唯一编号、帧号(1 s 15 帧)、纵向坐标、横向坐标、车辆类型、车道位置、速度以及加速度总共 8 种类型的数据。

通过采集驾驶行为数据，得到有效的驾驶轨迹数据，是进行不良驾驶行为研究的重要阶段；而驾驶轨迹数据的准确程度也会直接影响不良驾驶行为识别的精确程度。表 2-1 中部分数据为通过视频提取的驾驶轨迹数据，主要包括驾驶车辆识别号、视频拍摄时间、GPS 数据、车辆类型、速度、加速度、车道位置、前车 ID、后车 ID 以及前后车的相对距离等。数据采集的频率为 30 Hz，满足不良驾驶行为分析的需求。

表 2-1　数据样式

| 车辆 ID | 帧号 | 纵向坐标 | 横向坐标 | 车辆类型 | 车道位置 | 速度/($m \cdot s^{-1}$) | 加速度/($m \cdot s^{-2}$) |
|---|---|---|---|---|---|---|---|
| 1 | 10 | −21.15 | −22.23 | 0 | 4 | 27.34 | 0.00 |
| 1 | 11 | −19.24 | −22.16 | 0 | 4 | 27.38 | 0.52 |
| 1 | 12 | −17.48 | −22.11 | 0 | 4 | 27.38 | −0.01 |
| 1 | 13 | −15.57 | −22.04 | 0 | 4 | 27.35 | −0.42 |
| 1 | 14 | −14.12 | −22.15 | 0 | 4 | 27.29 | −0.85 |
| 1 | 15 | −11.89 | −21.78 | 0 | 4 | 27.29 | −0.07 |

## 2.2　数据预处理技术

面对具有不同特征的海量数据，如不同的数据采集方法、不同的交通参与者、不同的交通环境等，需要对数据进行初步处理，对数据进行筛选、剔除、填补、分门别类，避免后续数据处理的重复性工作，需建立交通行为初步数据库。

针对视频提取数据中所存在的异常数据，本书的具体处理方法如下：

（1）对于轨迹数据中存在掉帧等现象，利用三次样条插值法得到缺失时段的位置、速度和加速度信息。

（2）确定异常消失的目标车辆 ID 和其消失的位置，在下一帧数据中，搜索与消失车辆横向和纵向位置信息最为接近的其他车辆的轨迹，判断是否可能为消失车辆；匹配同车不同 ID，给予统一的新 ID；受新 ID 影响的其他车辆，重新计算其前车编号与车间距离。

（3）删除原地不动的异常 ID 和无法进一步匹配和处理的 ID。

针对提取后的车辆行驶轨迹数据，能够直接获取的车辆信息包括时间、位置、速度、加速度、车辆类型和前车编号等，为后续研究前后车辆的相对位置关系以及评估碰撞风险提供数据基础。

## 2.3 驾驶模拟实验

### 2.3.1 驾驶模拟仿真平台

驾驶模拟实验仪器采用同济大学 8 自由度驾驶模拟平台，如图 2-4 所示。该平台由虚拟场景系统、驾驶系统和动力平台系统构成。其中虚拟场景系统由 5 架工程级高清投影仪组成，能够提供 180°的沉浸式等比例虚拟场景。驾驶系统采用法国雷诺汽车等比例驾驶座舱，动力系统提供 8 自由度加速度模拟。驾驶模拟虚拟场景依托 SCANeR™studio、EICAD ver3.0、Cinema 4D、SketchUp、Python Script 等平台进行联合设计，通过图形界面的多种专用模式，创建完整的驾驶模拟环境。具体仿真模块包括情景脚本模块、车辆参数模块、场景建模模块、实验仿真模块、数据分析模块。情景脚本模块允许道路网络创建者快速创建可在仿真模拟平台中直接使用的真实道路网络；车辆参数模块是一种用于微调和研究动态车辆模型的工具；场景建模模块，即驾驶模拟器场景编辑工具；实验仿真模块是模拟仿真的监督工具；数据分析模块是详细的图形分析工具。通过该平台可以模拟车辆驾驶行为以及各种环境中驾驶员实体行为，其中主要分为三个模型：模拟真实车辆每个部件的复杂动态车辆模型、模拟道路上其他车辆行为的简单交通车辆模型，以及模拟行人的行为模型。在仿真模拟实验过程中，实验车辆、交通流中其他车辆、行人等行为均可以预定义，并通过脚本语言或使用应用程序编程接口（Application Programming Interface, API）进行控制与管理。驾驶员可以通过连接到键盘、方向盘等设备的采集模块来控制复杂的车辆模型，同时基于视觉和声音模块及控制动态平台的模块向驾驶员呈现车辆驾驶的场景。仿真模拟平台涉及的模型可以通过用户界面或控制模拟的程序来控制或执行。

图 2-4　8 自由度驾驶模拟平台

## 2.3.2　模拟仿真实验场景设计

### 1. 静态道路场景规划设计

模拟实验设计的道路网涵盖多种道路类型和多种车道数量。行车实际路线为曲线、回旋线和直线路段的组合，其中曲线为具有不同的曲率与半径的组合，在仿真模拟平台中可设置各种道路的线形组合，在实际操作中依据道路布局参数设计实验道路网络（图 2-5），道路的具体布局参数设计如表 2-2 所示。该道路总共分为 5 个路段，其中路段 1 为四级公路、路段 2 为三级公路、路段 3 为二级公路、路段 4 为一级公路、路段 5 为高速公路。

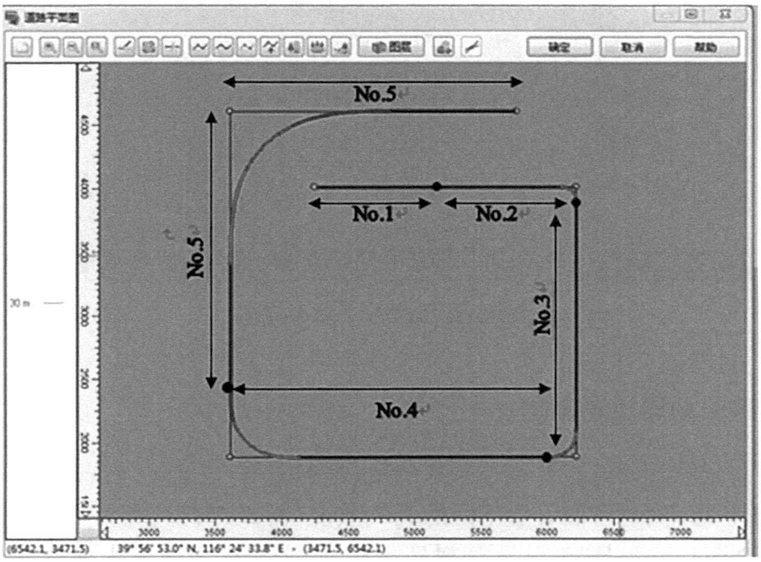


图 2-5　道路布局示意图

表 2-2　道路布局参数设计表

| 路段编号 | 道路等级 | 场景 |
|---|---|---|
| No. 1 | 四级公路 | 直线：单车道，500 m |
| No. 2 | 三级公路 | 直线：双向两车道，500 m；<br>曲线：半径 100 m，弧长 200 m |
| No. 3 | 二级公路 | 直线：双向两车道，500 m；<br>直线：双向四车道，500 m；<br>曲线：半径 200 m，弧长 300 m |
| No. 4 | 一级公路 | 直线：双向四车道，500 m；<br>直线：双向六车道，500 m；<br>曲线：半径 400 m，弧长 400 m |
| No. 5 | 高速公路 | 直线：双向六车道，500 m；<br>曲线：半径 800 m，弧长 500 m；<br>直线：双向八车道，500 m |

以高速公路（双向六车道，设计车速 120 km/h）为例，静态道路设施场景建模如图 2-6 所示。

图 2-6　双向六车道场景图

## 2. 动态道路场景规划设计

根据不同的静态道路场景，通过参数设定、脚本编辑，设置了丰富的动态场景，将交通流分为不同的状态；同时可以设置不同的天气状况（雨天、雪天、雾天、晴天等），图 2-7 展示的是将雾天能见度设置为 500 m 的场景，图 2-8 展示的是将雾天能见度设置为 200 m 的场景。

图 2-7　能见度为 500 m 场景图

图 2-8　能见度为 200 m 场景图

以图 2-9 仿真模拟实验所设计的双向四车道为例，介绍实验车辆在交通流中与其他车辆的关系，其变量名称及含义如表 2-3 所示。

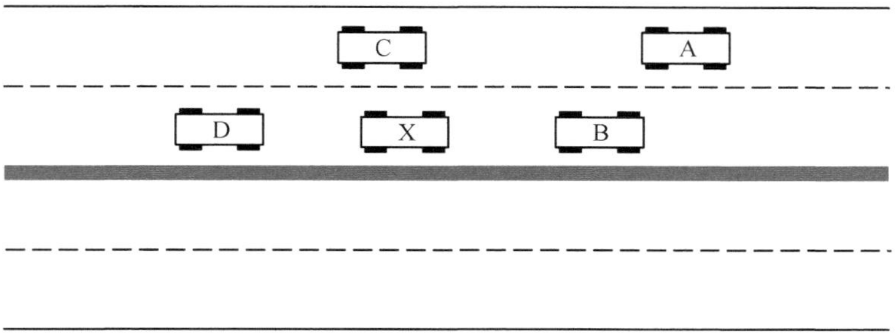


图 2-9　双向四车道的高速公路行车场景示意图

X 车为当前驾驶员行驶的实验车辆，对 X 车的驾驶行为构成影响的变量主要有 A、B、C、D 四辆车的速度，以及 A、B、C、D 四辆车与 X 车之间的纵向相对距离。

表 2-3　变量名称及含义

| 相对速度变量 | 含义 | 纵向相对距离变量 | 含义 |
|---|---|---|---|
| $V_A$ | A 车的速度 | $L_{XA}$ | A 车与 X 车的纵向相对距离 |
| $V_B$ | B 车的速度 | $L_{XB}$ | B 车与 X 车的纵向相对距离 |
| $V_C$ | C 车的速度 | $L_{XC}$ | C 车与 X 车的纵向相对距离 |
| $V_D$ | D 车的速度 | $L_{XD}$ | D 车与 X 车的纵向相对距离 |

## 2.3.3　模拟仿真实验流程

驾驶仿真模拟实验主要涵盖两个阶段：预备实验阶段和正式实验阶段。预备实验阶段，其目的是使驾驶员能够熟悉实验环境，并完成主观问卷的填写；正式实验阶段，驾驶员在仿真模拟平台的虚拟场景中驾驶，采集车辆的行驶轨迹以及驾驶行为的相关数据。驾驶行为仿真模拟实验具体流程如图 2-10 所示。

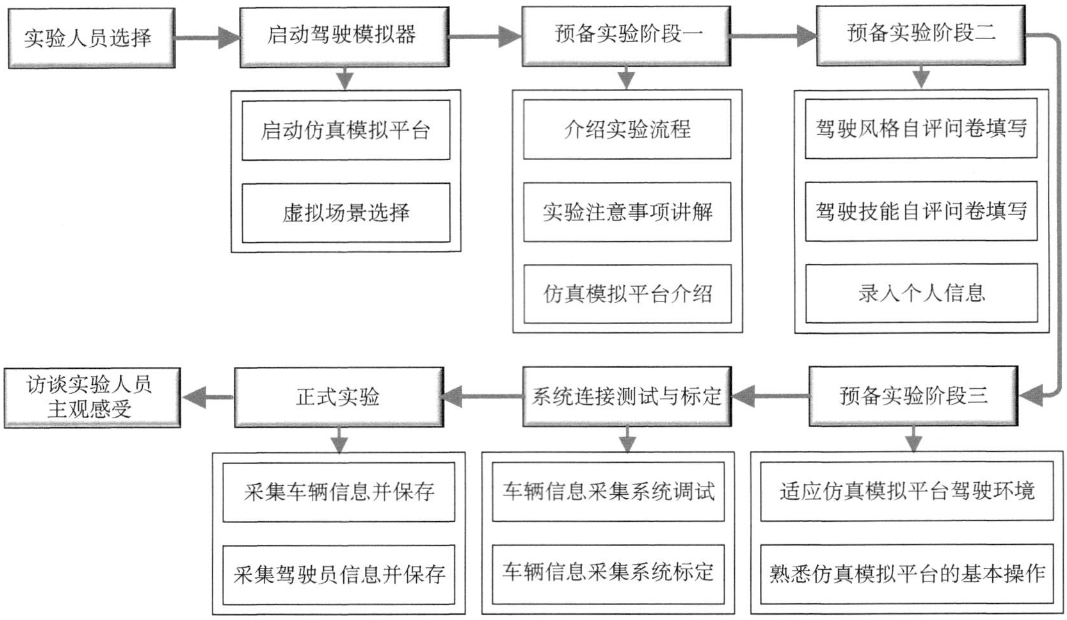


**图 2-10　驾驶行为仿真模拟实验流程图**

实验人员在开始实验之前，需要完成三个方面的内容。首先，知晓本次实验的目的、实验流程，以及实验过程中的注意事项、实验持续时间、实验规定和仿真模拟驾驶平台的基本操作等内容；其次，需要接受主观问卷的调查，包括其自身的驾驶风格自评问卷、驾驶技能自评问卷，并录入个人信息等；最后，练习使用仿真模拟驾驶平台，实验人员进行 5～10 min 的预驾驶实验，在该过程中，让实验人员自行驾驶即可，其目的是让实验人员熟悉并适应驾驶模拟平台的驾驶操作环境，使其能够顺利完成车辆起步、加速、减速、转向、换道、超车的基本操控。此外，若实验人员出现重度眩晕、呕吐等身体不适的反应，应及时停止该实验人员的驾驶模拟实验，不再将该实验人员作为正式实验的样本。

在正式实验阶段，需按照实验顺序，将实验人员进行编号。当实验人员较多时，实验应分多次完成。仿真模拟实验可根据实际需要设计多个实验场景，例如，场景一：驾驶员在正常驾驶状态自由行驶；场景二：驾驶员行车过程中按照规定要求行驶（不能出现不良驾驶行为，如分心驾驶、超速行驶、频繁变更车道、频繁加减速、危险跟驰、超车不当、车道保持不稳定、强行插入车道、不按车道行驶等行为）；场景三：驾驶员被要求执行固定任务（如回答测试员问题、在指定位置进行超车、按照要求与前车保持安全车距等）。其中，在每个场景中，可设置不同的道路交通流量、天气状况、货车比例、道路线形、车道数量等，旨在模拟真实的道路与交通环境。实验人员应在安全驾驶、避免交通事故的原则下独立依次完成多场景的实验。实验过程中，驾驶员需按照其自身平时的驾驶习惯调整车辆速度以及车辆的位置。为了消除实验人员的驾驶记忆性，实验人员完成一个场景的驾驶之后，应进行适当休息后再继续完成下一个场景。所有实验人员均应进行多次实验，避免因实验人员的自学习效应影响实验结果。在不发生碰撞或冲出路面等危险状态时，实验人员不会受到任何的干预与提示，直至其完成所有虚拟场景的驾驶实验。

### 2.3.4　模拟仿真实验人员

仿真实验的目的是采集多种驾驶场景及行为状态下的驾驶行为数据，驾驶员的驾驶行为是实验研究的对象。驾驶员作为车辆的操控者，会直接影响实验结果的可靠性与准确性。研究人员主要是从实验人员的样本结构和样本数量两个方面选择实验对象。在样本结构方面，主要从性别、年龄、驾龄、驾驶里程数等多个维度选择实验对象。男性与女性驾驶员群体之间具有一定的差异性，而不同年龄段、不同驾驶经验水平之间的驾驶员的驾驶特征也存在差异。在样本数量方面，为了尽可能降低驾驶员个体差异对实验数据可靠性的影响，仿真模拟实验应选取足够多的实验样本人员。

## 2.4　自然驾驶实验

为了使收集的数据更能表征实际道路交通环境下的驾驶行为，有必要开展自然驾驶实验，同时宜结合驾驶行为调查问卷收集驾驶员信息以实现进一步的细化分析。

### 2.4.1　实验设备

为满足自然驾驶行为数据的采集需求，需要通过自然驾驶采集驾驶员的驾驶行为数据。实验过程中采用同一辆实验车，架设自然驾驶设备，利用自然驾驶检测系统采集车辆的姿态角、速度、加速度、经纬度坐标、与前车的相对距离等数据，同时结合视频信息，可以获取周边驾驶环境、驾驶员状态等。自然驾驶检测系统构成及采集界面分别如图 2-11 和图 2-12 所示。

图 2-11　自然驾驶检测系统构成

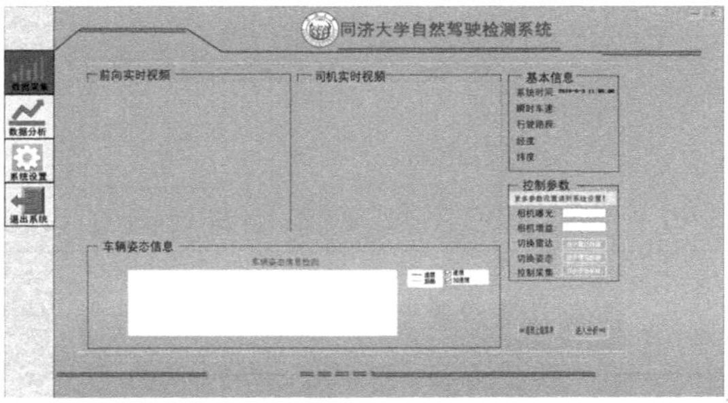


图 2-12　自然驾驶检测系统采集界面

自然驾驶检测系统主要包含以下几种设备。

(1) GPS 定位导航系统：根据 GPS 定位导航系统，可以获得车辆的经纬度坐标、车辆轨迹数据，并可实时记录车辆的速度信息等。

(2) 惯性导航传感器：惯性导航系统以牛顿力学定律为基础，测量车辆在惯性参考系的加速度，将其对时间积分能够得到车辆的速度、偏航角、位置坐标等。在该自然驾驶检测系统中采用的是十轴惯性导航姿态传感器，可以获取实验车辆的三轴加速度、姿态角、姿态角速度等数据，具体传感器参数统计如表 2-4 所示。

**表 2-4　十轴惯性导航姿态传感器参数**

| 参数名称 | 参数信息 |
|---|---|
| 数据输出内容 | 时间、速度、加速度、角度、角速度、气压、高度、经纬度 |
| 测量维度 | 加速度：3 维；角速度：3 维；角度：3 维；GPS：3 维 |
| 量程 | 加速度：±16$g$；角速度：±500°/s；角度：±180° |
| 稳定性 | 加速度：0.01$g$；角速度 0.05°/s |
| 角度精度 | 静态 0.05°，动态 0.1° |
| 姿态测量稳定度 | 0.01° |
| 数据输出频率 | 0.1～200 Hz |
| 电流 | 40 mA |
| 电压 | 5 V |
| 体积 | 61.2 mm×45.2 mm×27.8 mm |
| 适用环境 | 动态和静态 |

(3) 毫米波雷达：毫米波雷达体积小，质量轻，具有低成本、高性能、高安全性等特点。其能够分辨、识别较小的目标，实现多目标辨识，并能利用多普勒原理实现物体距离的测量。在该采集系统中采用大陆毫米波雷达，具体参数如表 2-5 所示。

**表 2-5　大陆毫米波雷达参数**

| 测量性能 | 检测目标 |
|---|---|
| 检测距离 | 远距：0.20～250 m |
| | 近距：0.20～70 m(±45°) |
| | 近距：0.20～20 m(±60°) |
| 距离分辨度 | 远距：1.79 m |
| | 近距：0.39 m |
| 距离精度 | 远距：±0.40 m |
| | 近距：±0.10 m |
| 方位角 | 远距：−9.0°～9.0° |
| | 近距：−60°～60° |

（续表）

| 测量性能 | 检测目标 |
| --- | --- |
| 俯仰角 | 远距：14° |
| | 近距：20° |
| 方位角波束宽度 | 远距：2.2° |
| | 近距：4.4°@0°/6.2°@±45°/17°@±60° |
| 方位角分辨率 | 远距：1.6° |
| | 近距：3.2°@0°/4.5°@±45°/12.3°@±60° |
| 方位角精确度 | 远距：±0.1° |
| | 近距：±0.3°@0°/±1°@±45°/±5°@±60° |
| 测速范围 | −400～200 km/h |
| 速度分辨率 | 远距：0.37 km/h |
| | 近距：0.43 km/h |
| 速度精确度 | ±0.1 km/h |

(4) 超广角高清摄像机：共装设2台超广角高清摄像机，一台为前向摄像头，用以获取驾驶环境信息，记录驾驶员的行车过程；另一台为驾驶员摄像头，实时采集驾驶员行车表情，可以为行车安全性分析提供素材。

(5) 实验车辆：车型为比亚迪·秦，车辆技术状况良好。

以上实验设备，在进行自然驾驶检测系统集成时，将所有的采集频率设置为10 Hz，该频率可以满足研究需求。

## 2.4.2 实验流程

根据确定的实验方案，设计的具体实验步骤如下：

(1) 提前告知驾驶员本次实验的目的、进行测试的实验路线、实验基本流程及具体的实验事项。

(2) 实验员安装设备并连接各设备线路，接通电源供电设施，保证测试车辆工况良好，且各设备线路运转正常，可实现驾驶行为的正常采集。

(3) 实验员将车辆开至设备调试地点并完成设备调试，确保仪器已校准、各设备输出数据准确。

(4) 实验前对驾驶员的基本情况进行询问和记录，实验员辅助驾驶员完成调查问卷的填写，包含性别、年龄、驾龄、驾驶里程、驾驶操作偏好、驾驶行为习惯和驾驶态度等。实验员负责对驾驶员的基本信息的保存和录入，并考核驾驶员的心理和生理状态，确保测试人身心健康。

(5) 驾驶员进行车辆试驾，以适应车辆各个部件的操作方式等，熟悉测试车辆的使用并对车况、实验道路行驶环境和规则有清晰认知，避免因驾驶员不熟悉测试车辆及道路环境而影响实验安全及效果。

(6) 驾驶员按照规定时间、规定路线的起始点准备测试，启动自然驾驶检测系统并开始记录数据，驾驶员按照实验路线驾驶车辆。实验期间，实验员确保数据采集设备运转正常，并全程保存记录驾驶行为数据，同时不得以任何形式干扰驾驶员正常行驶。此外，实验员应时刻保持警惕，如遇紧急状况，应停止实验操作。

(7) 完成规定实验路线的数据采集工作后，保存数据并关闭自然驾驶检测系统，关闭电源并移除设备，将车辆停至安全地带。

实验过程采集的画面如图 2-13 所示。

(a) 驾驶员视频　　(b) 前向视频

**图 2-13　实验过程采集的画面**

# 第3章

# 不良驾驶行为谱构建与特征值计算方法

## 3.1 研究现状

近二十年来，我国城市化与机动化快速发展，然而交通安全形势依旧严峻，在遏制道路交通事故高发、降低交通事故伤害方面仍然任重道远。交通事故的主要原因是人的因素，特别是机动车驾驶人的违法违规驾驶行为[1]。随着汽车移动物联网技术的发展，车载终端通过车内的传感器获得实时的车辆运行和行驶状态信息，并与其他车辆、路侧设备以及通信网络进行信息传输，为交通系统监控者提供前所未有的个体化、高精度、多维度、多源的驾驶行为数据。基于车辆行驶轨迹数据的不良驾驶行为分析，对于道路交通安全主动防控具有十分重要的意义。

现有的关于驾驶行为谱或交通行为谱的研究并不多。Chen 等[2]提出驾驶人行为谱分析方法，使用车速、加速度、油门与刹车踏板变化率的统计分布参数，对驾驶人进行 $K$ 均值聚类（$K$ 为聚类算法参数，代表聚类簇数），将驾驶风格分为激进型、适中型、保守型，并使用加速度变化率计算驾驶技巧水平。黄丰雨等[3]提出交通行为谱分析方法，基于超速车辆比例、路段平均车速、低于限速车辆比例及车头时距不足占比将交通秩序分类，并将道路条件和天气信息作为交通环境评价指标进行交通环境分类。Sun 等[4]使用自组织映射神经网络对运营车辆的卫星定位数据进行聚类，将驾驶人分为安全、较安全、较激进、激进 4 类，并基于聚类结果给出了超速、急变速、频繁变道、急转弯等行为的判定方法及阈值。王海星等[5]采用因子分析和模糊 $C$ 均值(Fuzzy-C Means, FCM)聚类对危险货物运输车辆的卫星定位数据进行分析，发现了急加减速、超速驾驶和变速驾驶 3 个重要因子，并将危险货物运输车辆驾驶人分为 4 个危险等级。Liu 等[6]使用信息熵方法对车速、加速度、减速度和加速踏板角度进行特征处理，并将驾驶人风格分为激进、正常、保守 3 类。国外目前没有关于驾驶行为谱或交通行为谱的定义，但有类似的驾驶风格分类研究。Taubman-Ben-Ari 等[7]通过多维度驾驶风格问卷(Multi-dimensional Driving Style Inventory, MDSI)，将驾驶风格分为 8 类：分心、紧张、危险、激进、高速、解压、耐心和小心；Zhang[8]针对车辆油耗问题，提出自适应偏移策略，采集自然驾驶实验数据，利用 Logit 回归算法对激进驾驶进行分类；Fernandez 等[9]建立了模糊规则控制系统对驾驶行为进行分类，输入量包括年龄、加速度、制动和速度，该系统将驾驶行为分为被动型、正常型、激进型和危险型。

现有驾驶行为谱或交通行为谱相关研究并不直接关注不良驾驶行为。在交通安全领域，对不良驾驶的划定主要有 5 种方法。第 1 种是基于具体行为或基于事故的方法，驾驶人的不良程度取决于观察期间是否发生危险行为或交通事故，Chen 等[10]根据频繁车道变换、突然双车道变更和非法占用车道等标准来标定不良驾驶；Teimouri 等[11]采用事故数据来确定驾驶人的风险等级。第 2 种和第 3 种方法分别是驾驶人的自评估调查问卷[12]和专家评分法[13, 14]，这两种方法依赖于驾驶人或专家的主观判断，并且当样本中的驾驶人数量较大时，这两种标定方法非常耗时。第 4 种方法是包括 $K$ 均值聚类[15]和模糊聚类[16]在内的无监督学习方法，通过聚类将同一类别的样本标定为同一种驾驶风格或不良程度。这种方法的可靠性取决于聚类所使用的变量以及数据的结构，由于没有样本标签，聚类效果难以评价。第 5 种方法基于碰撞风险计算公式，薛清文等[17, 18]使用了碰撞时间(Time to Collision, TTC)以及车头时距来综合标定危险跟驰车辆；Wang 等[19]提出了一种新的危险跟驰计算方法来标定激进跟驰车辆，其考虑了反应时间的变化，并以反应时间的裕度作为碰撞风险的度量。

当前缺少针对驾驶人不良驾驶行为谱的系统性研究，对于驾驶行为与驾驶环境之间的联系缺乏考虑。对于不良驾驶人的划分，广泛使用的自评估调查问卷和专家评分的方法过于主观且耗时，无法满足实时识别的智能交通需求。行为谱或驾驶行为的分类依赖某些实际应用中难以实时采集的参数，比如驾驶人生理、心理数据或操控动作数据，这不利于不良驾驶人实时识别与交通安全主动防控。针对上述现有研究的不足，本章提出了基于车辆行驶轨迹的不良驾驶行为谱构建与分析方法。该方法由同济大学在其承担的国家重点研发项目“道路交通安全主动防控技术与系统集成”的课题二“道路交通行为分析及特征谱建库技术”中首次提出。该方法基于交通视频可获取大量车辆行驶轨迹数据，满足了人工智能对大数据的需求。驾驶行为谱与不良驾驶行为谱可以反映驾驶人的动态驾驶过程与驾驶风险的变化，为驾驶人的驾驶特性研究提供基础。本章提出基于风险度量的不良驾驶行为量化方法，该方法能够客观高效地评估驾驶人的驾驶风险。研究采用了基于统计分布的风险度量阈值确定方法，对不同交通环境下的不良驾驶行为进行划分，并提出车辆的不良驾驶行为谱特征值计算方法。该方法可以实时标定道路行驶中的不良驾驶人，为交通安全主动防控提供决策依据。

## 3.2　技术路线

首先，通过高空无人机拍摄道路交通流视频，通过计算机视觉技术自动提取车辆行驶轨迹。计算交通流流量、速度、密度参数，初步划分交通流状态。计算各观测时间段内的车辆驾驶行为参数，包括速度与加速度的均值、标准差和差异系数，并使用 $K$ 均值聚类方法划分交通流状态，为不良驾驶行为谱的计算作准备。

其次，定义驾驶行为谱的参数指标构成，驾驶行为谱参数完全由无人机视频提取，包括目标车辆的位置信息、速度与加速度信息、周围车辆信息。使用风险度量计算公式获取驾驶人多种不良驾驶行为的量化指标，建立驾驶人的不良驾驶行为谱。基于相同交通流状态的大样本不良驾驶行为谱库，建立各类不良驾驶行为风险度量的统计分布，使用四分位差法(Interquartile Range, IQR)确定不良驾驶行为状态划分的阈值。然后，基于阈值计算驾驶人瞬时不良驾驶行为得分与时间平均得分。通过对不良驾驶行为得分的相关性分析和客观权重确定，采用加权平均的方法，将驾驶人多种不良驾驶行为的表现综合为单一分数评价，即驾驶人的不良驾驶行为谱特征值。

最后，基于实测车辆行驶轨迹数据进行实例分析，对方法的可靠性进行验证。

该不良驾驶行为谱分析体系可以实现实时自动量化评价道路驾驶人的驾驶行为不良程度，能及时发现不良驾驶行为的车辆，给驾驶人提供安全提示，为交通管理部门提供交通安全预警的技术支持。

本章研究不良驾驶行为谱的技术路线如图 3-1 所示。

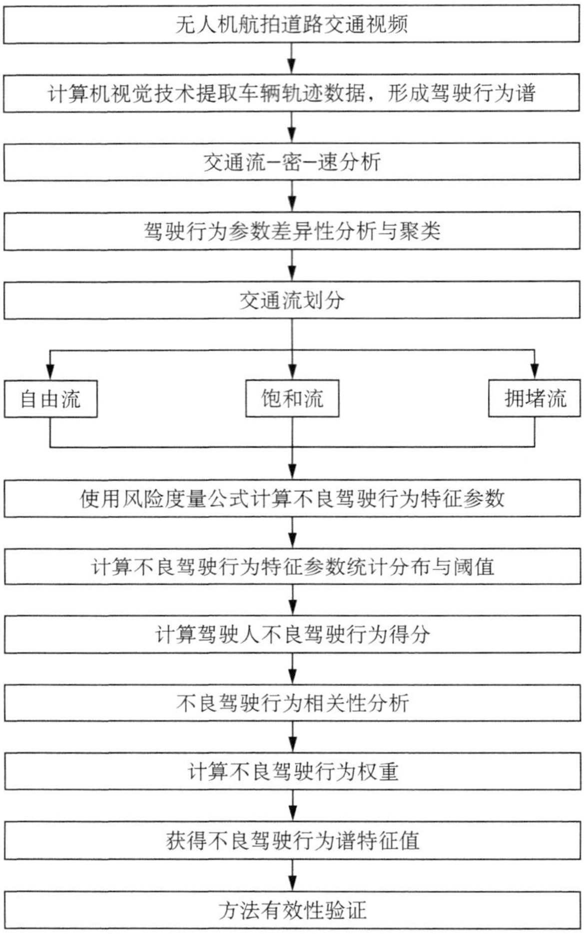


**图 3-1　技术路线**

## 3.3　不良驾驶行为谱分析方法

本节定义了驾驶行为谱与其参数构成，阐述了基于风险度量的不良驾驶行为谱构成与阈值计算方法，并提出了不良驾驶行为谱的特征值计算方法。

### 3.3.1　驾驶行为谱构成

交通系统是一个复杂的开放系统，交通行为受外界环境影响，任何一种交通行为均是在特定的环境条件下开展的，因此驾驶行为谱需要将外界的环境进行定量化描述。同时，由于车辆的行为是由人来操作的，而人的行为具有复杂性、多样性和多变性，所以对驾驶行为谱的研究很有难度。

驾驶行为谱是在特定环境和场景下对车辆行驶轨迹数据动态变化的全面记录。每一辆车在一段时间内的行驶轨迹以及与周围车辆的相对关系的数据矩阵构成一条驾驶行为谱条。驾驶行为谱体现了驾驶人在特定场景中的驾驶特性，从中可以提取驾驶人的速度偏好、跟驰距离以及换道动作等信息，为之后计算不良驾驶行为谱提供基础。驾驶行为谱包括 3 个矩阵：基本信息矩阵、车辆行驶信息矩阵和周围车辆信息矩阵。3 个矩阵中每一列为一个参数的时间序列。矩阵包含的参数如下。

(1) 基本信息：时间、车辆中心纵向位置、车辆中心横向位置、车道编号(本章中纵向均指平行于车道的方向，横向均指垂直于车道的方向)。

(2) 车辆行驶信息：车辆纵向速度、车辆纵向加速度、车辆横向速度、车辆横向加速度、车道偏移。

(3) 周围车辆信息：本车道前车纵向速度、本车与前车间距、本车道后车纵向速度、本车与后车间距。

驾驶行为谱中所有参数的时间序列均为同等长度，序列长度取决于采样频率与时间长度。本章采用视频提取车辆行驶轨迹的方法获得数据。因为视频中每一帧可以提取一次车辆行驶轨迹，而本章使用的视频帧率为每秒 25 帧，所以提取的数据采样频率为每秒 25 次。提取车辆行驶轨迹的方法并不局限于一种采样频率，但为保证数据的精细度，采样频率应至少为每秒 1 次。时间长度一般为 10 s 左右。

除上述驾驶行为谱中随时间变化的驾驶行为数据外，驾驶行为谱还应包括场景信息。场景信息包括对车辆类型与外界环境的描述信息，比如道路类型、车道数、直/曲线、坡度、是否有中央隔离带、是否有机非隔离带、天气状况、交通流状态和限速规定等。

### 3.3.2　不良驾驶行为谱与风险度量

基于每个驾驶人在特定场景中的驾驶行为谱条，可以使用风险度量(Measure of Risk, MOR)方法计算以下 4 种不良驾驶行为的特征参数：不良跟驰 $M_1$、蛇形驾驶 $M_2$、速度不稳 $M_3$ 和不良换道 $M_4$。不良跟驰和不良换道的特征参数涉及车辆与周围车辆的碰撞风险，碰撞风险越高则不良程度越大。另外，有研究表明，驾驶风格越激进，横向控制稳定性越差，急加速和急减速行为发生的频次越高[20]。因此，本章使用车辆横向速度的变异系数和纵向速度的变异系数来分别衡量横向控制稳定性和纵向速度稳定性。采用

MOR 方法分析和估计在某一时刻 4 种不良驾驶行为导致事故发生的概率，即风险可能性的大小，避免风险估计上的主观臆断。

### 1. 不良跟驰

不良跟驰特征参数用于衡量车辆跟驰过近，发生追尾事故的风险。$M_1(t)$数值越大，代表此时不良跟驰的风险越大，当 $M_1(t)$数值在 0 以下时，代表此时没有不良跟驰的风险，其计算公式为

$$M_1(t)=\frac{V_x(t)-V_{1x}(t)}{D_1(t)} \tag{3-1}$$

式中 $M_1(t)$——时刻 $t$ 的不良跟驰特征参数，$M_1(t)$的单位是 $s^{-1}$；

$V_x(t)$——目标车辆在时刻 $t$ 的纵向速度；

$V_{1x}(t)$——目标车辆前车在时刻 $t$ 的纵向速度；

$D_1(t)$——目标车辆与前车在时刻 $t$ 的车间距。

### 2. 蛇形驾驶

蛇形驾驶特征参数用于衡量车辆行驶过程中横向控制稳定性。当车辆在同一车道内蛇形摆动时，其纵向速度的标准差较大，而均值接近于零。$M_2(t)$数值越大，蛇形驾驶越严重，其计算公式为

$$M_2(t)=\frac{\mathrm{std}[V_y(t-2),\ \cdots,\ V_y(t)]}{\mathrm{mean}[V_y(t-2),\ \cdots,\ V_y(t)]} \tag{3-2}$$

式中 $M_2(t)$——时刻 $t$ 的蛇形驾驶特征参数；

std(·)——标准差；

mean(·)——均值；

$V_y(t)$——目标车辆在时刻 $t$ 的横向速度。

### 3. 速度不稳

速度不稳特征参数用于衡量车辆频繁加减速、车速波动大的状态。$M_3(t)$数值越大，车速越不稳，其计算公式为

$$M_3(t)=\frac{\mathrm{std}[V_x(t-2),\ \cdots,\ V_x(t)]}{\mathrm{mean}[V_x(t-2),\ \cdots,\ V_x(t)]} \tag{3-3}$$

式中，$M_3(t)$为时刻 $t$ 的速度不稳特征参数。

### 4. 不良换道

不良换道特征参数用于衡量车辆在目标车道可插入间距过小时换道，导致目标车道的前车或后车出现追尾的风险。$M_4(t)$数值越大，不良换道的风险越大。仅在车辆进行

换道的瞬间对不良换道 $M_4(t)$进行计算，其他时间认为 $M_4(t)$为 0，其计算公式为

$$M_4(t)=\max\left\{\frac{V_x(t)-V_{1x}(t)}{D_1(t)},\ \frac{V_{2x}(t)-V_x(t)}{D_2(t)}\right\} \tag{3-4}$$

式中　$M_4(t)$——时刻 $t$ 的不良换道特征参数；

$V_{2x}(t)$——目标车辆后车在时刻 $t$ 的纵向速度；

$D_2(t)$——目标车辆与后车在时刻 $t$ 的车间距。

图 3-2 为驾驶行为谱与不良驾驶行为谱的关系。风险度量的计算方法可以将每个驾驶人的驾驶行为谱矩阵映射为 $n$（本章 $n=4$）个不良驾驶行为特征参数的时间序列，共同组成该驾驶人的不良驾驶行为谱矩阵 $\boldsymbol{B}$，如式(3-5)所示。

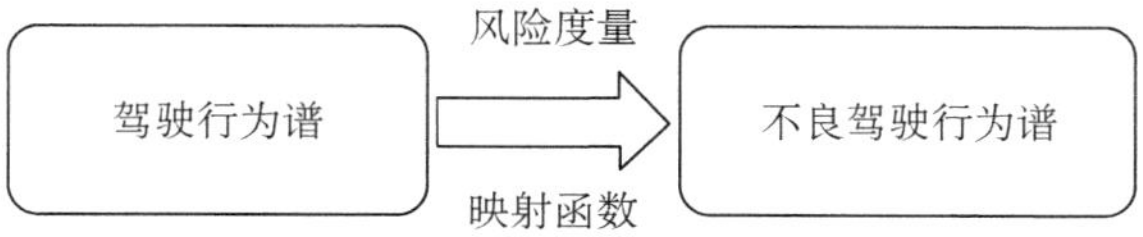


**图 3-2　驾驶行为谱与不良驾驶行为谱的关系**

$$\boldsymbol{B}=[M_1,\ M_2,\ \cdots,\ M_n] \tag{3-5}$$

## 3.3.3　不良驾驶行为阈值

当获取车辆在行驶中每个时刻的特征参数值后，需要确定阈值用来划分各种不良驾驶行为的状态。当第 $i$ 个特征参数值低于其阈值 $M_i^*$ 时，表示驾驶人不存在第 $i$ 个不良驾驶行为；反之，表示驾驶人存在第 $i$ 个不良驾驶行为。特征参数超出阈值的程度越高，表示不良驾驶行为严重性越高，不良程度也越高。

由于不良驾驶行为与违法驾驶行为不同，不存在明确的定义与判断方法，因此寻找不良驾驶行为的判定阈值是一个难点。本章假设特征参数值可以反映驾驶行为的风险程度，而绝大部分驾驶人的特征参数应集中在一个合理的区间内，远离此区间的特征参数值即为不合理值。另外，由于特征参数在不同的驾驶环境中存在一定的差异性，所以需要构建典型场景，用于对比分析不同场景下的特征参数分布情况，以分别确定各场景的特征参数阈值。

本章提出的阈值确定方法为基于无人机拍摄的交通流视频提取的大量车辆行驶轨迹数据，统计分析绘制相同驾驶场景下的各种特征参数的分布曲线，使用四分位差法确定不良驾驶行为阈值。四分位差法由 Laurikkala 等[21]提出，是异常值检测中一种常见的方法，可以用于各种分布数据的异常阈值计算[22]。第 $i$ 个不良驾驶行为特征参数阈值为

$$M_i^*=Q_i+1.5I_i \tag{3-6}$$

式中　$Q_i$——第 $i$ 个不良驾驶行为特征参数样本分布的上四分位；

$I_i$——四分位差，即第 $i$ 个不良驾驶行为特征参数样本分布上四分位和下四分位的差值。

### 3.3.4 不良驾驶行为谱特征值

不良驾驶行为谱特征值代表了一个不良驾驶行为谱的综合不良程度。特征值越高，驾驶人的不良驾驶行为越严重；反之，则驾驶人的行为越安全。不良驾驶行为谱特征值综合考虑了驾驶人在各项不良驾驶行为的表现。当驾驶人同时出现多种不良驾驶行为时，其特征值会偏高；反之，当驾驶人只出现少数不良驾驶行为或没有不良驾驶行为时，其特征值会偏低。

通过式(3-7)计算每辆车 $M_i(t)$ 超出阈值的比例，可以得到每辆车在时刻 $t$ 的第 $i$ 个不良驾驶行为的瞬时得分 $S_i(t)$，得分越高代表不良程度越高。当 $M_i(t)$ 值没有超出阈值时，得分为 0，代表在时刻 $t$ 不存在不良驾驶行为。$S_i(t)$ 表示为

$$S_i(t)=\begin{cases}\dfrac{M_i(t)-M_i^*}{M_i^*} & M_i(t)>M_i^* \\ 0 & M_i(t)\leqslant M_i^*\end{cases} \tag{3-7}$$

将 $S_i(t)$ 进行时间累计平均，得到每辆车第 $i$ 个不良驾驶行为的时间平均得分 $A_i$，公式为

$$A_i=\frac{1}{T}\sum_{t=0}^{T}S_i(t) \tag{3-8}$$

式中，$T$ 为观测时长。

$A_{Ni}$ 是对所有车辆第 $i$ 个不良驾驶行为的 $A_i$ 进行归一化处理后的数值。如式(3-9)所示，归一化处理保证所有车辆的 $A_{Ni}$ 均处于 0 与 1 之间。

$$A_{Ni}=\frac{A_i-\min(A_i)}{\max(A_i)-\min(A_i)} \tag{3-9}$$

对归一化后的 $A_{Ni}$ 加权平均，可以得到一辆车的综合不良驾驶得分 $\lambda$，称为该车辆的不良驾驶行为谱特征值，如式(3-10)所示。

$$\lambda=\sum_{i=1}^{n}w_iA_{Ni} \tag{3-10}$$

式中，$w_i$ 为第 $i$ 个不良驾驶行为的权重，代表其在所有不良驾驶行为中所占比重，所有不良驾驶行为的权重之和为 1。

权重确定方法一般分为客观赋权法与主观赋权法。客观赋权法包括 CRITIC 权重法、独立性权重法、变异系数法等。主观赋权法包括层次分析法、优序图法等。本章使用 CRITIC 权重法计算不良驾驶行为的权重。CRITIC 权重法使用对比强度和冲突性指标[23]。对比强度使用标准差进行表示，数据标准差越大说明波动越大，权重会越高；冲突

性指标使用相关系数进行表示，指标之间的相关系数值越大，说明冲突性越小，其权重也就越低。在计算权重时，将对比强度与冲突性指标相乘，并进行归一化处理，即得到最终的权重。

第 $i$ 个不良驾驶行为的信息量计算如式(3-11)所示。

$$C_i = s_i R_i = s_i \sum_{j=1}^{n} (1 - r_{ij}) \tag{3-11}$$

式中 $C_i$——第 $i$ 个不良驾驶行为的信息量；

$s_i$——所有样本的第 $i$ 个不良驾驶行为特征参数的标准差，即对比强度；

$R_i$——所有样本的第 $i$ 个不良驾驶行为特征参数的冲突性指标；

$r_{ij}$——所有样本的第 $i$ 个不良驾驶行为特征参数与所有样本的第 $j$ 个不良驾驶行为特征参数的相关系数。

对信息量进行归一化处理后，得到最终的权重 $w_i$，如式(3-12)所示。

$$w_i = \frac{C_i}{\sum_{i=1}^{n} C_i} \tag{3-12}$$

## 3.4 数据

本章数据来自无人机拍摄的车辆行驶轨迹数据，拍摄场景为双向六车道一级公路，拍摄地点为上海市嘉定区，天气为晴天，观测时间包括工作日的早晚高峰与平峰时段。无人机高空拍摄交通流数据，覆盖道路长度 300 m，共采集 8 段视频，每段视频时长为 10 min 左右。视频分辨率为 4 096 像素×2 160 像素，视频帧数为每秒 25 帧。通过使用自主研发的计算机视觉软件，对每帧画面中的车辆进行自动识别，提取车身长、宽、车辆中心位置等信息，形成每 0.04 s 一条的视频车辆行驶轨迹数据。由于覆盖道路长度为 300 m，视频宽度为 4 096 像素，一个像素覆盖的道路长度为 7 cm 左右。实际运行中发现，计算机视觉识别车辆的方法存在的误差普遍在 3 像素以内，因此，理论上车辆行驶轨迹数据的误差在 20 cm 左右。研究团队通过移动平均法对车辆行驶轨迹数据进行平滑处理，降低数据的误差。之后，通过 2 帧画面中的车辆位置变化，推导出车辆的横向速度、纵向速度、加速度、车间距以及车道位置等信息。对部分难以识别的车辆或识别误差明显较大的车辆进行剔除。由于不良驾驶行为的计算涉及车间距等多车交互信息，一部分车辆的跟驰和换道行为受到被剔除车辆的影响，其相关数据不能正常计算，故该部分车辆的行驶轨迹数据虽然被保留在数据库中，但其驾驶行为不参与道路不良驾驶行为谱构建。

8 段视频的拍摄时段、交通流参数与筛选后的小汽车样本量见表 3-1。

表 3-1　数据集的交通流参数

| 视频序号 | 拍摄时段 | 流量 /(veh · h$^{-1}$) | 平均车速 /(km · h$^{-1}$) | 密度 /(veh · km$^{-1}$) | 小汽车样本量 |
|---|---|---|---|---|---|
| 1 | 上午平峰 | 4 276 | 77 | 56 | 650 |
| 2 | 上午平峰 | 3 862 | 70 | 55 | 606 |
| 3 | 下午平峰 | 9 918 | 65 | 153 | 863 |
| 4 | 下午平峰 | 9 334 | 62 | 151 | 841 |
| 5 | 晚高峰 | 10 463 | 58 | 184 | 1 650 |
| 6 | 晚高峰 | 10 703 | 57 | 188 | 1 504 |
| 7 | 早高峰 | 8 706 | 29 | 281 | 1 706 |
| 8 | 早高峰 | 8 699 | 31 | 300 | 1 664 |

## 3.5　分析结果

### 3.5.1　交通流状态划分与驾驶行为的差异

经典的基于基本图的交通流理论将交通流划分为自由流和拥堵流两种状态。Kerner[24, 25]提出的三相交通流理论进一步将拥堵流划分为宽运动堵塞和同步流。在自由交通流中，交通流量和车辆密度存在正相关性，车辆之间基本无干扰，可以按期望速度行驶。在拥堵交通流中，车辆速度比在自由流中的平均车速明显要低。根据图 3-3 所示的交通流量-密度关系可知，第 1～4 段视频中的交通流状态为自由流；第 7、8 段视频中的交通流状态为拥堵流；第 5、6 段视频中的交通流状态处于自由流与拥堵流之间，由于其交通流量和车辆密度仍存在类似于自由流的正相关性，暂时将其归于自由流。然而，由于第 1～6 段视频中的交通流量跨度很大，其中驾驶行为可能存在巨大差异，简单地将交通状态分为两类可能会导致不良驾驶行为的误判。因此，本章在表 3-2 中对 8 段视频中的小汽车驾驶行为数据进行了统计分析，数据包括车辆的纵向速度、正加速度、负加速度与每车平均换道次数。

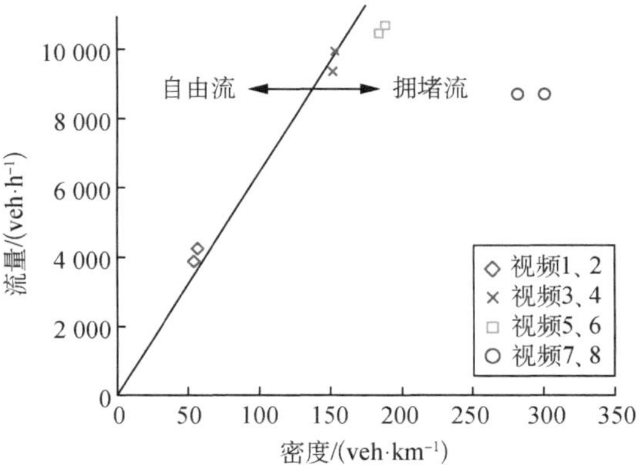


图 3-3　8 段视频的交通流量-密度关系

表 3-2 驾驶行为统计参数

| 视频序号 | 纵向速度/(m·s⁻¹) | | | 正加速度/(m·s⁻²) | | | 负加速度/(m·s⁻²) | | | 平均换道次数 |
|---|---|---|---|---|---|---|---|---|---|---|
| | 平均值 | 标准差 | 差异系数 | 平均值 | 标准差 | 差异系数 | 平均值 | 标准差 | 差异系数 | |
| 1 | 21.39 | 3.71 | 0.17 | 0.27 | 0.23 | 0.84 | −0.19 | 0.22 | −1.12 | 0.12 |
| 2 | 19.44 | 3.41 | 0.18 | 0.27 | 0.22 | 0.80 | −0.22 | 0.27 | −1.24 | 0.13 |
| 3 | 18.06 | 2.83 | 0.16 | 0.22 | 0.20 | 0.92 | −0.21 | 0.19 | −0.90 | 0.11 |
| 4 | 17.22 | 2.59 | 0.15 | 0.21 | 0.19 | 0.88 | −0.21 | 0.21 | −0.99 | 0.10 |
| 5 | 16.11 | 2.39 | 0.15 | 0.24 | 0.24 | 1.01 | −0.22 | 0.20 | −0.88 | 0.08 |
| 6 | 15.83 | 3.66 | 0.23 | 0.26 | 0.28 | 1.09 | −0.30 | 0.29 | −0.99 | 0.08 |
| 7 | 8.06 | 3.11 | 0.39 | 0.34 | 0.36 | 1.04 | −0.32 | 0.33 | −1.04 | 0.05 |
| 8 | 8.61 | 4.76 | 0.55 | 0.31 | 0.27 | 0.87 | −0.34 | 0.30 | −0.88 | 0.08 |

基于表 3-2 的数据对 8 段视频进行 $K$ 均值聚类，发现聚为三类最为合适，其中视频 1～4 为一类，视频 5、6 为一类，视频 7、8 为一类。本章将视频 1～4 中观测的交通流称为自由流，视频 5、6 中观测的交通流称为饱和流，视频 7、8 中观测的交通流称为拥堵流。由于本章对交通流状态划分的目的在于分析道路不良驾驶行为，使用驾驶行为数据对交通流状态进行划分比传统的使用流量-密度关系的划分方法更为合适。由表 3-2 可以看出：随着交通流密度的增加，车辆纵向速度的平均值明显下降，标准差增加，差异系数增大表示车速波动性增大；车辆正、负加速度的平均值与标准差增加，表示交通拥堵时，车辆的加速与制动频率增加，紧急制动与急加速的发生次数增多；自由流状态下，车辆的换道行为较少受周围车辆制约，视频观测区域的平均换道次数在 0.1 次及以上；拥堵流状态下，车辆密度增加，车辆换道意愿下降明显，平均换道次数在 0.08 次及以下。

由于不同交通流状态中各项参数的差异明显，在分析驾驶行为，尤其是不良驾驶行为时，需要针对驾驶人所处的交通流环境，建立特定的评判标准。不同交通流状态下，表 3-2 中各项参数的均值、标准差均有明显差异。因此，在未区分交通流状态时，使用驾驶人的纵向速度平均值、标准差等参数对驾驶人的驾驶风格、风险等级进行划分，可能会出现不同交通流的差异掩盖不同驾驶人差异的情况。并且，由于车辆的行驶速度、加速度等参数容易受交通流、周围驾驶人行为的影响与干扰，单独使用这些参数对驾驶人进行评价，可能会出现误判的情况。

在划分好交通流状态后，本章所使用的道路不良驾驶行为谱的场景信息已完全确定，如表 3-3 所示。

表 3-3 道路不良驾驶行为谱的场景信息

| 场景参数 | 参数值 |
|---|---|
| 道路类型 | 一级公路 |
| 车道数 | 双向六车道 |
| 直/曲线 | 直线 |

（续表）

| 场景参数 | 参数值 |
|---|---|
| 坡度 | 0 |
| 是否有中央隔离带 | 是 |
| 是否有机非隔离带 | 是 |
| 天气 | 晴天 |
| 交通流状态 | 自由流、饱和流、拥堵流 |
| 限速/($km \cdot h^{-1}$) | 80 |
| 车辆类型 | 小汽车 |

## 3.5.2 不良驾驶行为特征参数的差异

在其他交通场景信息一致的情况下，图 3-4～图 3-6 给出了三种交通流状态下的不良跟驰特征参数分布；图 3-7～图 3-9 给出了三种交通流状态下的蛇形驾驶特征参数分布；图 3-10～图 3-12 给出了三种交通流状态下的速度不稳特征参数分布；图 3-13～图 3-15 给出了三种交通流状态下的不良换道特征参数分布。其中不良跟驰、蛇形驾驶、速度不稳的特征参数分布的纵坐标为指数形式，样本均集中在 0 附近，这表示安全状态。由于换道行为较少发生，不良换道的纵坐标为线性形式，样本也集中在 0 附近。下面逐一分析不同交通流下的特征参数分布差异。

### 1. 不良跟驰的分布

由图 3-4～图 3-6 可以看出：自由流状态下，不良跟驰特征参数的分布在 −0.8～1.3 $s^{-1}$ 之间，由不良跟驰特征参数越大越不安全，可以看出自由流中的不良跟驰行为发生次数较少；饱和流状态下，不良跟驰特征参数出现了 1～2 $s^{-1}$ 之间的数值，与自由流相比，不安全的极端值发生次数开始增加；拥堵流状态下，不良跟驰特征参数的极大值进一步增加，最大值可以达到 40 $s^{-1}$ 以上。

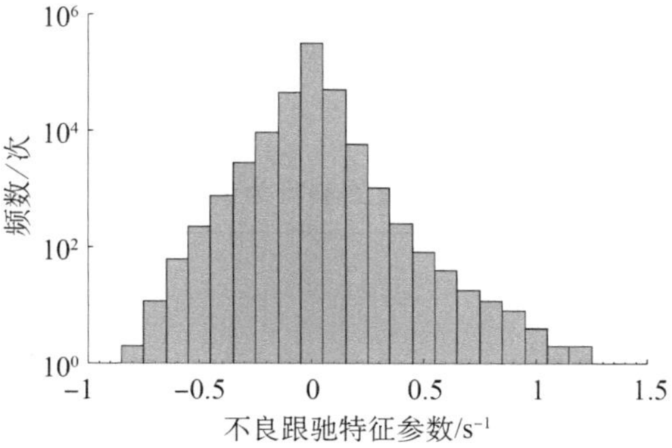


**图 3-4 自由流状态下的不良跟驰特征参数分布**

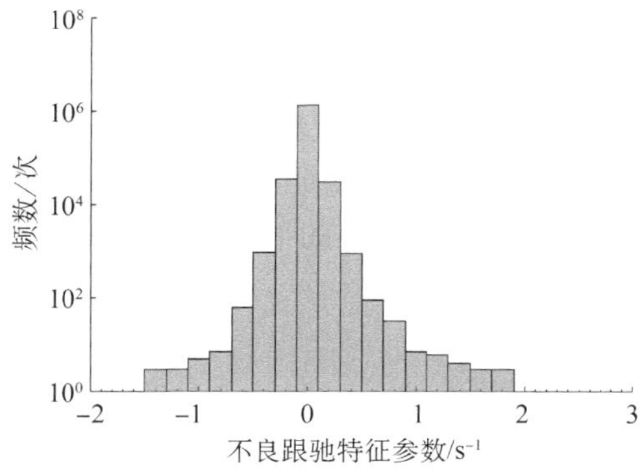


图 3-5　饱和流状态下的不良跟驰特征参数分布

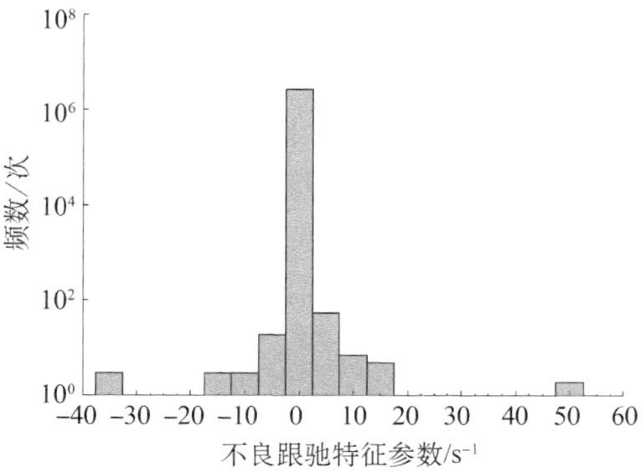


图 3-6　拥堵流状态下的不良跟驰特征参数分布

## 2. 蛇形驾驶的分布

由图 3-7～图 3-9 可以看出：自由流状态与饱和流状态下，蛇形驾驶特征参数的数值分布情况相近，均处于 0～0.6 之间；拥堵流状态下，蛇形驾驶特征参数的极大值进一步增加，出现了 0.6 以上的极端值，这表明拥堵流状态下，蛇形驾驶的发生次数上升，这可能是驾驶人换道意图受限，换道未遂，车道偏移增加导致的。

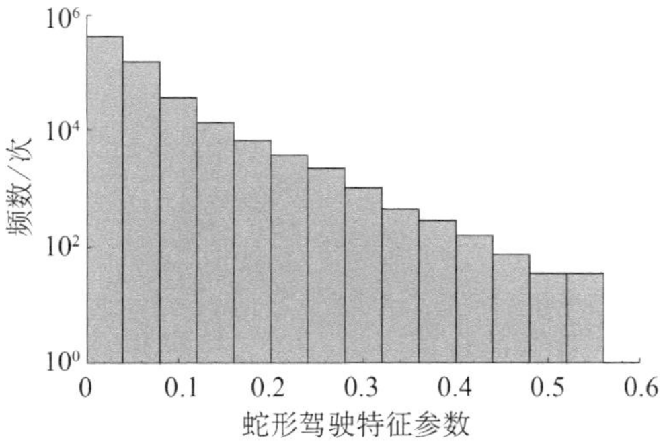


图 3-7　自由流状态下的蛇形驾驶特征参数分布

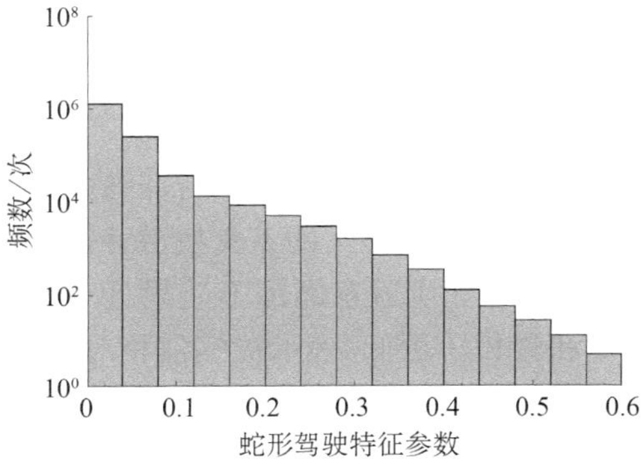


图 3-8　饱和流状态下的蛇形驾驶特征参数分布

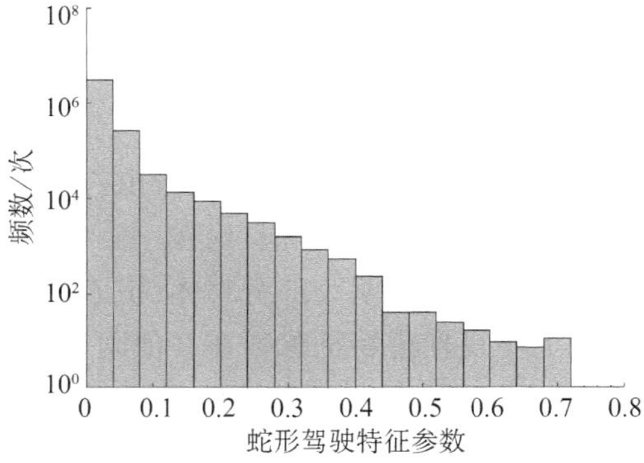


图 3-9　拥堵流状态下的蛇形驾驶特征参数分布

### 3. 速度不稳的分布

由图 3-10～图 3-12 可以看出：自由流状态下，速度不稳的情况极少发生，特征参数在 0.08 以下，表示在自由流状态下驾驶非常安全；饱和流状态下，特征参数的分布扩大到 0～0.19 之间；拥堵流状态下，速度不稳的情况明显上升，特征参数的最大值达到了 7.5，与前两种交通流状态相比，特征参数极端值明显增多。

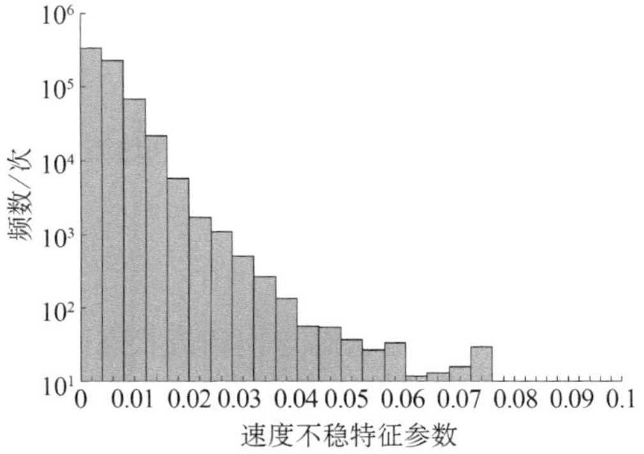


**图 3-10　自由流状态下的速度不稳特征参数分布**

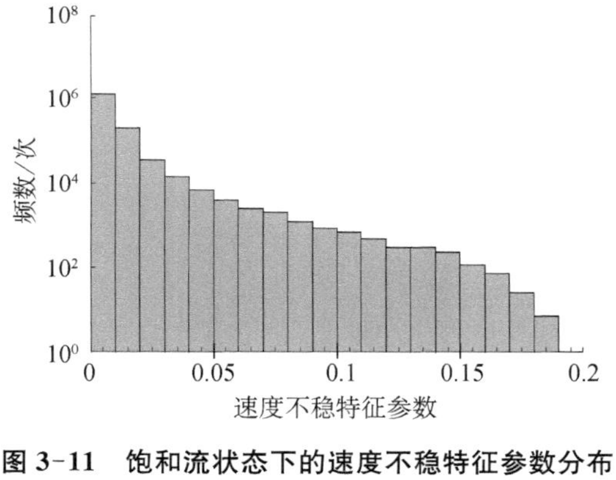


**图 3-11　饱和流状态下的速度不稳特征参数分布**

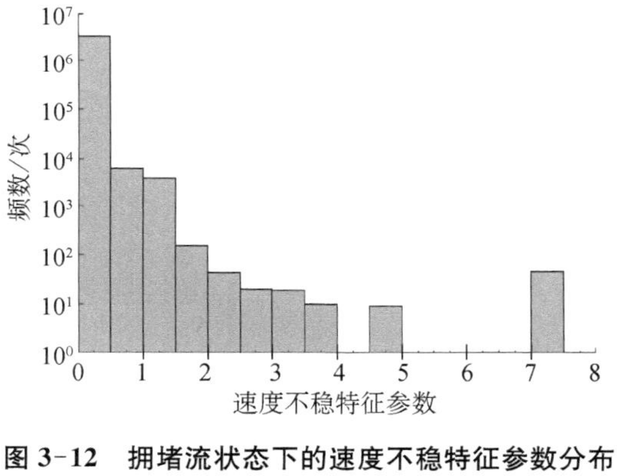


**图 3-12　拥堵流状态下的速度不稳特征参数分布**

### 4. 不良换道的分布

由图 3-13～图 3-15 可以看出：与前三种不良驾驶行为不同，不良换道特征参数在各交通流中的分布范围相似，均在$-0.4$～$0.6\ s^{-1}$之间；饱和流状态下的不良换道特征参数分布最为集中，表明大部分样本为安全状态；自由流状态下换道意愿最不受限且车速较高，因此不良换道特征参数在 0 值附近的占比与饱和流相比更低，表示极端值相对更多；拥挤流状态下，由于车辆密度增大，可换道车间距减小，车速波动大，因此不良换道的特征参数中极端值的发生次数相对上升。

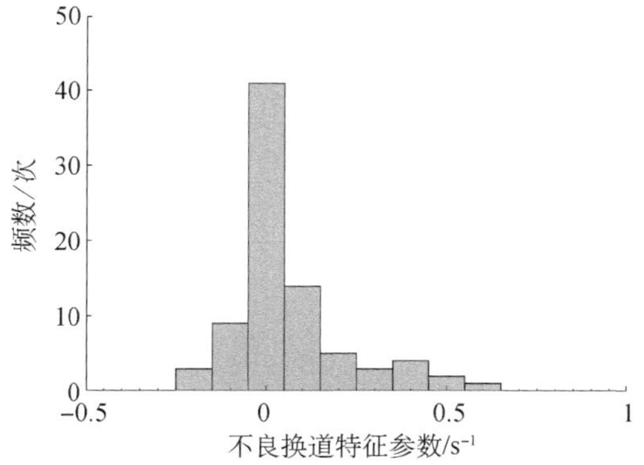


图 3-13　自由流状态下的不良换道特征参数分布

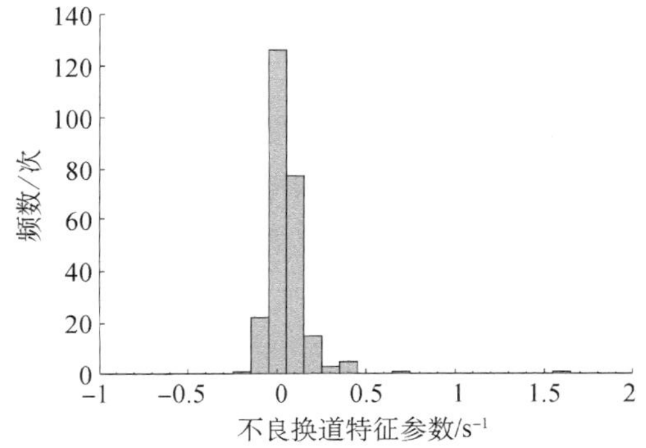


图 3-14　饱和流状态下的不良换道特征参数分布

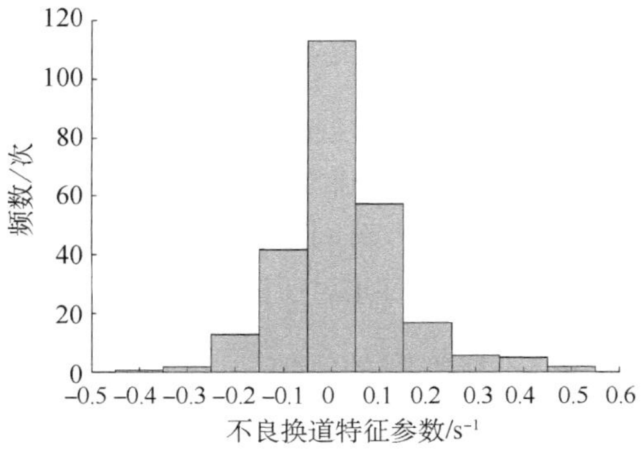


图 3-15　拥堵流状态下的不良换道特征参数分布

## 3.5.3　不良驾驶行为谱特征参数阈值

### 1. 不良跟驰的阈值

本章使用的不良跟驰 MOR 计算公式为 TTC 的倒数，而关于 TTC 的阈值已有大量研究。Brown 等[26]、Das 等[27]认为 3 s 作为 TTC 的阈值可以作为追尾碰撞的警报阈值。Bella 等[28]建议使用 2.5 s 或 3 s 作为划分不良跟驰的标准。Qu 等[29]、Minderhoud 等[30]也在其交通安全评价研究中采用 3 s 作为 TTC 阈值。因此，本章使用其倒数 0.33 $s^{-1}$ 作为不良跟驰的阈值。

其他不良驾驶行为的阈值计算使用了四分位差法，计算结果见表 3-4。

表 3-4　不良驾驶行为特征参数阈值

| 交通流状态 | 蛇形驾驶 | 速度不稳 | 不良换道/$s^{-1}$ |
|---|---|---|---|
| 自由流 | 0.10 | 0.01 | 0.23 |
| 饱和流 | 0.07 | 0.02 | 0.26 |
| 拥堵流 | 0.05 | 0.05 | 0.27 |

### 2. 蛇形驾驶的阈值

在自由流状态下，蛇形驾驶的阈值最高，为 0.1；饱和流与拥堵流的蛇形驾驶阈值较低，分别为 0.07 与 0.05。这表示相同程度的蛇形驾驶在自由流中可能不会导致危险发生，而在饱和流和拥堵流中与周围车辆发生碰撞的概率较高，因此，在不同交通流中需要采用不同的蛇形驾驶阈值。

### 3. 速度不稳的阈值

随着交通流密度提升，速度不稳的阈值从自由流的 0.01 上升到拥堵流的 0.05。这是由于拥堵流中车流波动性大，且不以驾驶人的安全意识为转移。拥堵流中驾驶人往往注意力更为集中，对周围车辆的速度波动有较好的预期；而自由流中驾驶人处于自由驾驶状态时刻居多，因此对于速度不稳应采取更严格的阈值标准。

### 4. 不良换道的阈值

与其他不良驾驶行为的阈值相比，不良换道的阈值在不同交通流中的状态相差不大，均为 0.25 $s^{-1}$ 左右，这与本书 3.5.2 节中不良换道特征参数分布的分析结果吻合。0.25 $s^{-1}$ 的阈值意味着在车辆插入相近车道的瞬时，其与相近车道的前车或后车的 TTC 值达到了 4 s。与不良跟驰的 3 s 阈值相比，4 s 阈值更高，这是因为换道行为与跟驰行为相比，驾驶人操控动作更加复杂，需要作出更多的判断，因此需要采用比不良跟驰更严格的阈值标准。

## 3.5.4　不良驾驶行为得分

基于 3.5.3 节中的各项阈值结果，计算数据中所有驾驶人的各种不良驾驶行为归一化后的时间平均得分 $A_{Ni}$。由图 3-16～图 3-19 可以看出：绝大部分驾驶人的各项不良驾驶行为得分在 0 附近，为安全状态；在拥堵流的观测数据中，出现了极个别不良跟驰得分超过 0.6 的驾驶人；蛇形驾驶与速度不稳的得分可以达到 0.9 以上，且这些高得分驾驶人较多出现在饱和流中；不良换道的驾驶人得分分布范围在四种不良驾驶行为中最集中，最高得分出现在拥堵流中。

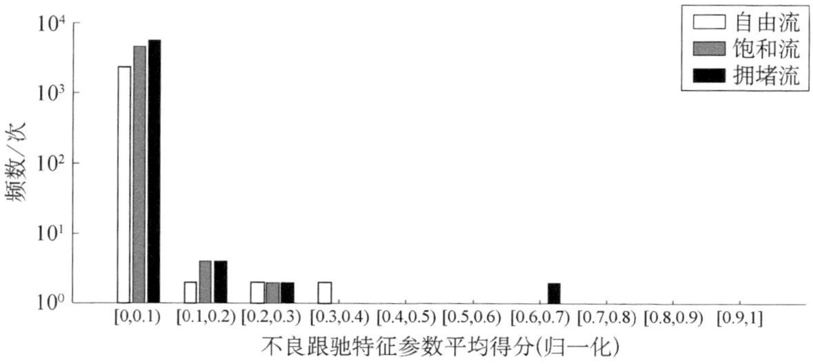


**图 3-16　不良跟驰得分分布**

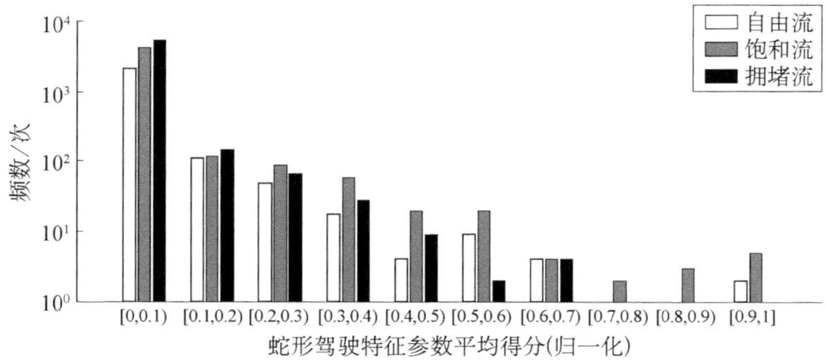


**图 3-17　蛇形驾驶得分分布**

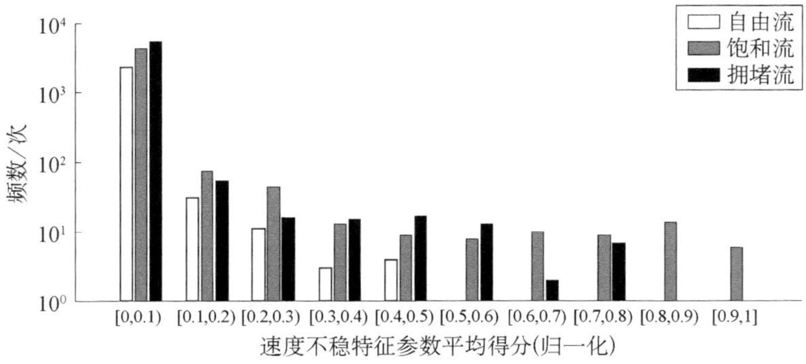


**图 3-18　速度不稳得分分布**

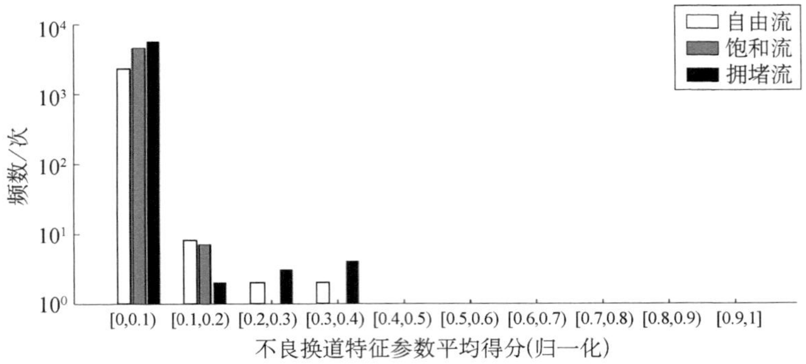


**图 3-19　不良换道得分分布**

总体来说，在一段长 300 m 的道路上，通过 20～30 min 的观测，可以辨识的不良驾驶人数量在数十人左右，在驾驶人观测总体中占比极低。这从侧面表明不良驾驶人可以看作驾驶人总体中的异常样本，属于偶发现象。

表 3-5～表 3-7 给出了三种交通流状态下，各项特征参数的相关系数，其中标 * 的相关系数统计上显著不为 0。结果表明：各项特征参数的相关性很低，其中最大的相关系数是自由流中的不良跟驰与蛇形驾驶，为 0.24；其次是自由流中的蛇形驾驶与不良换道，为 0.23；其他各项相关系数均在 0.2 以下，多数处于 0 附近；各项特征参数的计算结果可以全面地描述驾驶人在不良驾驶行为上的量化表现，而不存在共线性的问题。

**表 3-5　自由流特征参数相关系数**

| 不良驾驶行为 | 不良跟驰 | 蛇形驾驶 | 速度不稳 | 不良换道 |
|---|---|---|---|---|
| 不良跟驰 | 1.00 | 0.24* | 0.04* | 0.03 |
| 蛇形驾驶 | 0.24* | 1.00 | 0.07* | 0.23* |
| 速度不稳 | 0.04* | 0.07* | 1.00 | 0.00 |
| 不良换道 | 0.03 | 0.23* | 0.00 | 1.00 |

**表 3-6　饱和流特征参数相关系数**

| 不良驾驶行为 | 不良跟驰 | 蛇形驾驶 | 速度不稳 | 不良换道 |
|---|---|---|---|---|
| 不良跟驰 | 1.00 | 0.17* | 0.03* | 0.02 |
| 蛇形驾驶 | 0.17* | 1.00 | −0.01 | 0.06* |
| 速度不稳 | 0.03* | −0.01 | 1.00 | 0.01 |
| 不良换道 | 0.02 | 0.06* | 0.01 | 1.00 |

表 3-7　拥堵流特征参数相关系数

| 不良驾驶行为 | 不良跟驰 | 蛇形驾驶 | 速度不稳 | 不良换道 |
|---|---|---|---|---|
| 不良跟驰 | 1.00 | 0.11* | 0.04* | 0.02 |
| 蛇形驾驶 | 0.11* | 1.00 | −0.02 | 0.10* |
| 速度不稳 | 0.04* | −0.02 | 1.00 | 0.00 |
| 不良换道 | 0.02 | 0.10* | 0.00 | 1.00 |

### 3.5.5　不良驾驶行为谱的特征值

基于 CRITIC 权重法，对每种不良驾驶行为特征参数的对比强度、冲突性指标、信息量进行计算，并得到不良跟驰、蛇形驾驶，速度不稳和不良换道的最终权重分别为 0.19、0.33、0.37、0.11。CRITIC 权重法计算结果见表 3-8。

表 3-8　CRITIC 权重法计算结果

| 不良驾驶行为 | 不良跟驰 | 蛇形驾驶 | 速度不稳 | 不良换道 |
|---|---|---|---|---|
| 对比强度 | 0.04 | 0.07 | 0.07 | 0.02 |
| 冲突性指标 | 2.46 | 2.60 | 2.80 | 2.82 |
| 信息量 | 0.10 | 0.18 | 0.20 | 0.06 |
| 最终权重 | 0.19 | 0.33 | 0.37 | 0.11 |

将所有驾驶人的上述四种不良驾驶行为得分分别按 0.19、0.33、0.37、0.11 的权重进行加权平均，得到驾驶人的综合得分，作为驾驶人的不良驾驶行为谱的特征值。三种交通流状态下的全部不良驾驶行为谱特征值分布见图 3-20，随着特征值的增加，驾驶人数逐渐减少；不良驾驶行为谱的特征值主要集中在 0 附近，表示绝大部分的驾驶人是安全的；特征值最高的驾驶人出现在饱和流中；自由流、饱和流和拥堵流中均有一定比例的高得分驾驶人，这表明不良驾驶行为谱可以在不同交通流中识别不良驾驶人，而不良驾驶人作为

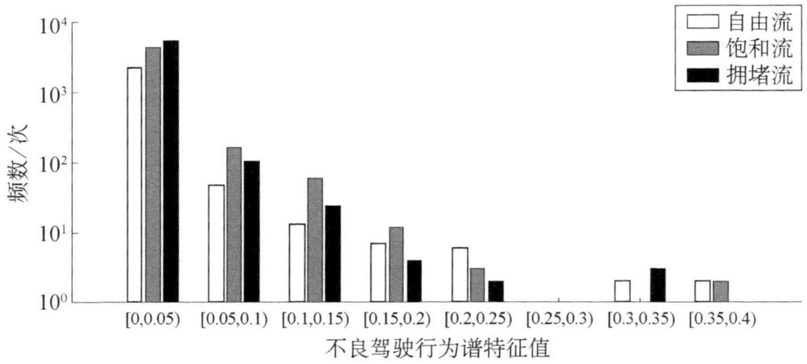


图 3-20　三种交通流状态下的不良驾驶行为谱特征值分布

人为因素的内在属性,是不以交通场景变化为转移的。不良驾驶行为谱方法体系可以剔除不同交通流对驾驶行为的影响,客观地评价驾驶人的驾驶安全表现。

### 3.5.6 验证

选取数据中不良驾驶行为谱特征值最高的 50 veh 小汽车,并在剩余的小汽车中随机选取 50 veh 小汽车,通过回放视频的方法,由交通安全专家对这 100 veh 小汽车是否存在明显的不良驾驶行为进行评价。专家在观看完每辆小汽车的行驶视频片段后,分别对其不良跟驰、蛇形驾驶、速度不稳和不良换道四种行为进行打分,打分越高代表其不良程度越高。不良跟驰、蛇形驾驶、速度不稳和不良换道四种行为的分值分别为 19、33、37、11,与 CRITIC 权重结果一致,总分为 100。一共有三位专家对 100 veh 小汽车进行打分,每辆小汽车的最终得分为三位专家打分的平均值。

验证结果表明:不良驾驶行为谱特征值最高的 50 veh 小汽车的专家打分均高于 42 分,最高为 88 分;其他 50 veh 小汽车的得分均低于 37 分;通过验证可以确认不良驾驶行为谱的特征值能够有效区别不良驾驶车辆与正常车辆。

## 3.6 小结

本章主要的研究工作与成果如下。

(1) 界定了驾驶行为谱与不良驾驶行为谱的概念与构成,建立了一套基于车辆行驶轨迹数据的不良驾驶人评价方法体系。将该方法与计算机视觉技术结合,可以实时监控道路交通状况,自动发现不良驾驶车辆。

(2) 针对自由、饱和、拥堵三种交通流状态,分析驾驶行为的差异性,发现车速、加减速度的均值、标准差均有较大差异,因此在不良驾驶行为的评价与不良驾驶人的划分时必须明确交通环境因素。

(3) 提出了驾驶行为谱的各项参数构成和不良驾驶行为谱的风险度量(MOR)计算公式,其不依赖驾驶人个人信息、车辆操控信息、生理、心理数据等难以实时获取的数据,可以由交通安全管理部门用于道路实时交通安全监测、评估与预警。使用风险度量方法计算不良驾驶行为谱,发现拥堵流状态下,不良跟驰、蛇形驾驶、速度不稳的特征参数极端值发生频率高于自由流和饱和流。不良换道特征参数在三种交通流中的分布类似,自由流与拥堵流中的不良换道发生比例略高于饱和流中的比例。

(4) 提出了基于大样本统计分布的不良驾驶行为阈值确定方法与不良驾驶行为谱特征值计算方法,可以应用于不良驾驶车辆与不良驾驶行为的实时辨别。使用四分位差法计算蛇形驾驶、速度不稳与不良换道的特征参数阈值,并讨论了结果的合理性。对基于阈值计算的不良驾驶行为得分进行了相关性分析,结果表明四种不良驾驶行为得分不存在共线性问题。CRITIC 权重法可以计算不良驾驶行为的权重值,并得到不良驾驶行为谱的特征值。

(5) 通过实测车辆行驶轨迹数据，验证了不良驾驶行为谱方法体系可以用于不良驾驶车辆的评价与实时监测。不良驾驶行为谱特征值的计算结果表明，本章提出的计算方法可以在各种交通流状态下稳定有效地发现不良驾驶人。由于驾驶行为受场景影响的因素很多，下一步研究应拓展数据覆盖的场景范围，对多车型、多种道路类型、恶劣天气等场景进行分析与方法验证研究。

## 参考文献

[1] 邱俊. 中国交通事故和交通伤成因、特点与趋势研究[D]. 重庆：第三军医大学，2009.
[2] CHEN J R, WU Y F, WU B. Driver behavior spectrum analysis method based on vehicle driving data[J]. Journal of Computer Applications, 2018, 38(7): 1916-1922, 1928.
[3] 黄丰雨，吴业福，陈镜任，等. 基于区域道路实况数据的交通行为谱分析方法[J]. 计算机应用，2019，39(3)：907-912.
[4] SUN C, CHEN X, ZHANG H M, et al. Evaluation of driving behavior based on massive vehicle trajectory data[J]. Journal of Southeast University (English Edition), 2019, 35(4): 502-508.
[5] 王海星，王翔宇，王招贤，等. 基于数据挖掘的危险货物运输风险驾驶行为聚类分析[J]. 交通运输系统工程与信息，2020，20(1)：183-189.
[6] LIU Y, WANG J, ZHAO P, et al. Research on classification and recognition of driving styles based on feature engineering[J]. IEEE Access, 2019, 7: 89245-89255.
[7] TAUBMAN-BEN-ARI O, MIKULINCER M, GILLATH O. The multidimensional driving style inventory-scale construct and validation[J]. Accident Analysis and Prevention, 2004, 36(3): 323-332.
[8] ZHANG D. Vehicle parameters estimation and driver behavior classification for adaptive shift strategy of heavy-duty vehicles[D]. Clemson: Clemson University, 2017.
[9] FERNANDEZ S, ITO T. Driver classification for intelligent transportation systems using fuzzy logic[C]//IEEE. 19th International Conference on Intelligent Transportation Systems. Rio de Janeiro, Brazil: IEEE, 2016:1212-1216.
[10] CHEN Z, WU C, HUANG Z, et al. Dangerous driving behavior detection using video-extracted vehicle trajectory histograms[J]. Journal of Intelligent Transportation Systems, 2017, 21(5): 409-421.
[11] TEIMOURI F, GHATEE M. A real-time warning system for rear-end collision based on random forest classifier[J]. Journal of Soft Computing in Civil Engineering, 2020, 4(1): 49-71.
[12] ISHIBASHI M, OKUWA M, DOI S, et al. Indices for characterizing driving style and their relevance to car following behavior[C]//IEEE. SICE Annual Conference. Takamatsu, Japan: IEEE, 2007.
[13] BEJANI M M, GHATEE M. A context aware system for driving style evaluation by an ensemble learning on smartphone sensors data[J]. Transportation Research Part C: Emerging Technologies, 2018, 89: 303-320.
[14] LI G, LI S E, CHENG B, et al. Estimation of driving style in naturalistic highway traffic using maneuver transition probabilities[J]. Transportation Research Part C: Emerging Technologies, 2017, 74: 113-125.
[15] LI N, MISU T, MIRANDA A. Driver behavior event detection for manual annotation by clustering of the driver physiological signals[C]//IEEE. 19th International Conference on Intelligent

Transportation Systems. New York: IEEE, 2016.

[16] QI G, DU Y, WU J, et al. What is the appropriate temporal distance range for driving style analysis? [J]. IEEE Transactions on Intelligent Transportation Systems, 2016, 17(5): 1393-1403.

[16] BROWN T L, LEE J D, MCGEHEE D V. Human performance models and read-end collision avoidance algorithms[J]. Human Factors, 2001, 43(3): 462-482.

[17] 薛清文,蒋愚明,陆键. 基于轨迹数据的危险驾驶行为识别方法[J]. 中国公路学报,2020,33(6):84-94.

[18] XUE Q W, WANG K, LU J J, et al. Rapid driving style recognition in car-following using machine learning and vehicle trajectory data[J]. Journal of Advanced Transportation, 2019, 2019: 1-11.

[19] WANG K, XUE Q, XING Y, et al. Improve aggressive driver recognition using collision surrogate measurement and imbalanced class boosting[J]. International Journal of Environmental Research and Public Health, 2020, 17(7): 1-17.

[20] 侯海晶,金立生,关志伟,等. 驾驶风格对驾驶行为的影响[J]. 中国公路学报,2018,31(4):18-27.

[21] LAURIKKALA J, JUHOLA M, KENTALA E. Informal dentification of outliers in medical data [C]//ECCAI. Fifth International Workshop on Intelligent Data Analysis in Medicine and Pharmacology. Berlin: ECCAI, 2000.

[22] VASCONCELOS I, VASCONCELOS R O, OLIVIERI B, et al. Smartphone-based outlier detection: a complex event processing approach for driving behavior detection [J]. Journal of Internet Services and Applications, 2017, 8(13): 1-30.

[23] DIAKOULAKI D, MAVROTAS G, PAPAYANNAKIS L. Determining objective weights in multiple criteria problems: the critic method[J]. Computers and Operations Research, 1995, 22(7): 763-770.

[24] KERNER B S, REHBORN H. Experimental properties of complexity in traffic flow [J]. Physical Review E, 1996, 53(5): 4275-4278.

[25] KERNER B S. Three-phase traffic theory and highway capacity[J]. Physica A: Statistical Mechanics and its Applications, 2004, 333: 379-440.

[26] BROWN T L, LEE J D, MCGEHEE D V. Human performance models and read-end collision avoidance algorithms[J]. Human Factors, 2001, 43(3): 462-482.

[27] DAS S, MAURYA A K. Defining time-to-collision thresholds by the type of leading vehicle in non-lane-based traffic environment[J]. IEEE Transactions on Intelligent Transportation systems, 2020, 21(12): 4972-4982.

[28] BELLA F, RUSSO R. A collision warning system for rear-end collision: a driving simulator study [J]. Procedia-Social Behavior Science, 2011, 20: 676-686.

[29] QU X, KUANG Y, OH E, et al. Safety evaluation for expressway: a comparative study for macroscopic indicators[J]. Traffic Injury Prevention, 2014, 15(1): 89-93.

[30] MINDERHOUD M M, BOVY P H. Extended time-to-collision measures for road traffic safety assessment[J]. Accident Analysis and Prevention, 2001, 33(1): 89-97.

# 第4章

# 驾驶人驾驶行为特征分析

驾驶人在能力、知觉、态度上的差异，导致不同驾驶人在外界环境刺激下出现不同的驾驶行为，而这种大量客观存在的驾驶行为差异是导致交通系统运行紊乱的重要原因。人的行为复杂且多变，驾驶行为受到众多因素的影响，既受到道路、交通、气象因素的影响，也受驾驶人性格、态度、技能的影响。目前，驾驶行为各影响因素之间的交互作用机理依然复杂，分析驾驶行为差异是研究中不可或缺的重要环节，同时也是进一步提高驾驶行为识别与驾驶人辨识模型的精度与准确性的基础。因此，本章通过获取的道路驾驶行为数据，分析驾驶人在行车环境下的驾驶行为数据，并对各类特征进行深入分析。从数据需求和功能应用出发，选择多类别的分析方法进行对比分析，深度剖析微观层面的驾驶行为表现特征，为驾驶行为的实时分析判别提供技术支持和理论支撑。

## 4.1 驾驶行为分析方法

### 4.1.1 基本特征分析

描述性统计作为最常见的数据分析手段，可以用于定量描述数据的整体特征。对自然驾驶数据的描述统计，能够实现对不同驾驶行为参数的整体了解。常用的描述性统计分析包括均值、标准差、最大值、最小值和中位数等。均值作为常用的描述性统计指标，能够反映出数据的集中趋势。对于参数 $x(x_1, x_2, \cdots, x_n)$，每个参数包含 $M$ 条数据，其均值计算如式(4-1)所示。

$$\mu_x = \frac{1}{N}\sum_{j=1}^{M} x_i \tag{4-1}$$

标准差能反映数据的离散程度。对比自然驾驶数据的标准差，可以反映驾驶行为数据围绕均值的波动情况。参数 $x(x_1, x_2, \cdots, x_n)$ 的标准差计算如式(4-2)所示。

$$\sigma_x = \sqrt{\frac{1}{N-1}\sum_{j=1}^{M}(x_i - \bar{x})^2} \tag{4-2}$$

### 4.1.2 可视化分析

#### 1. 基本概述

为了能够直观表现数据的差异性，数据可视化分析成为一种表现手法。驾驶行为可采集的参数包括速度、加速度、姿态角和姿态角速度等，利用直方图观察驾驶行为参数分布情况，进而实现可视化分析的目的。概率密度直方图能很好地展现数据的内在规律。利用分布特征的偏态状况、峰度大小，能够直观观察出不同概率密度图的差异。其中，偏态代表了统计数据分布的偏斜特征，即统计数据峰值与平均值不相等的频率分布，偏离程度可以用偏态系数刻画。通常，偏态可以分为左偏态（数据在均值右侧的数量较多）、正态（数据对称分布）、右偏态（数据在均值左侧的数量较多）。峰度可以用来衡量统计数据概率分布的陡峭程度，是表征概率密度曲线在平均值处峰值高低的特征数。通常来说，峰度值越小，概率密度图分布越矮、越粗；峰度值越大，概率密度图分布越高、越细。

利用直方图观察驾驶行为参数的分布规律情况，可以一定程度上反映驾驶员的驾驶行为特征，然而，当数据维度过高而难以直接利用直方图展示时，便无法直观展现数据特征。针对此种情况，需要对数据进行处理，通常情况下采用降维方法降低数据维度，以实现在低维空间较好地保留特征参数在原始特征空间的距离分布。常见的数据降维方法包括主成分分析法（Principal Component Analysis，PCA）、多维放缩（Multidimensional Scaling，MDS）、因子分析（Factor Analysis，FA）等，此类方法对线性数据降维有着良好的效果，但对于非线性结构的数据关系无法较好地解释。而非线性降维方法可以很好地克服线性降维的不足，如核主成分分析（Kernel Principal Component Analysis，KPAC）、等距离映射（Isometry）、局部线性嵌入（Locally Linear Embedding，LLE）等。$t$ 分布随机邻域嵌入（t-distributed Stochastic Neighbor Embedding，t-SNE）使用范围广泛，是一种效果不错的非线性降维方法。也可利用 t-SNE 算法实现对高维数据降维，从而达到利用散点图进行可视化分析的效果。

### 2. t-SNE 算法原理

t-SNE 算法是 van der Maaten 等在 2008 年提出的，其能够将高维数据维度降低到便于直观观察的一维、二维、三维等，并能较好地保持数据的结构特性。其主要原理是先计算高维空间与低维空间的相似度，使原本在高维空间内相似度高的点，在 $t$ 分布下低维空间中的距离更近；使原本高维空间内相似度低的点，在 $t$ 分布下低维空间中的距离更远。随后，通过利用原本高维空间和嵌入的低维空间之间的嵌入点的 Kullback-Leibler（KL）散度来评估可视化效果，即将 KL 散度函数作为损失函数，通过梯度下降来最小化损失函数，最终获得收敛结果。

t-SNE 算法是在 SNE 算法的基础上演化而来的。高维原始数据集 $X=\{x_1, x_2, \cdots, x_n\} \in \mathbb{R}^{M\times n}$，该数据集包含 $n$ 个 $M$ 维数据点。假设将其降至 $m$ 维 $(m<M)$，降维后的数据集为 $Y=\{y_1, y_2, \cdots, y_n\} \in \mathbf{R}^{m\times n}$。

根据基本原理，可以将 t-SNE 算法分解为三个步骤。

（1）步骤一：计算高维空间内数据点之间的相似度。

t-SNE 算法假定原始样本数据满足高斯概率分布函数，将高维空间的欧氏距离转换为条件概率，表达点与点之间的相似度。即 $X$ 内以 $x_i$ 为中心的高斯分布的两个数据点 $x_i$ 和 $x_j$ 相似的条件概率 $p_{j|i}$ 如式(4-3)所示。

$$p_{j|i}=\frac{\exp\left(\frac{-\|x_i-x_j\|^2}{2\sigma_i^2}\right)}{\sum_{k\neq i}\exp\left(\frac{-\|x_i-x_k\|^2}{2\sigma_i^2}\right)} \tag{4-3}$$

式中 $\|x_i - x_j\|$——$x_i$ 和 $x_j$ 之间的欧式距离；

$\|x_i - x_k\|$——$x_i$ 和 $x_k$ 之间的欧式距离；

$x_k$——数据集 X 内除了点 $x_i$ 的其余数据点；

$\sigma_i$——以 $x_i$ 为中心的高斯分布函数的方差，该值与给定的参数困惑度相关。t-SNE 算法提出者建议困惑度取 5～50[1]。

另外，$p_{i|i}=0$，因为考虑的是两个数据点之间的相似度。

根据联合概率公式，可得到高维空间的 $x_i$ 和 $x_j$ 概率相似度 $p_{ij}$，如式(4-4)所示。

$$p_{ij}=\frac{p_{j|i}+p_{i|j}}{2n} \tag{4-4}$$

(2) 步骤二：计算低维空间内数据点之间的相似度。

t-SNE 算法为避免 SNE 算法中的拥挤问题，在高维空间采用高斯分布计算，低维空间选择比高斯分布更重长尾的 $t$ 分布，该方法减弱了模拟的低维空间中映射点之间的吸引力[2]。

设高维数据 $x_i$ 和 $x_j$ 在低维空间的映射分别为 $y_i$ 和 $y_j$，则 $Y$ 内数据点 $y_i$ 和 $y_j$ 相似的条件概率 $q_{ij}$ 如式(4-5)所示。

$$q_{ij}=\frac{(1+\|y_i-y_j\|^2)^{-1}}{\sum\limits_{k\neq l}(1+\|y_k-y_l\|^2)^{-1}} \tag{4-5}$$

式中，$l$ 为 $t$ 分布的自由度。

(3) 步骤三：优化函数。

当高维空间的高斯分布映射到低维空间的 $t$ 分布越好时，低维空间的概率分布越能表征高维空间的概率分布。而 KL 散度值可以用来衡量两个概率分布之间的差异性，当 KL 散度值为 0 时，意味着两个分布相同[3]。因此，问题转化为实现 KL 散度值的最小化。

损失函数 KL 散度值计算如式(4-6)所示。

$$C=\sum_i\sum_j p_{ij}\ln\frac{p_{ij}}{q_{ij}} \tag{4-6}$$

通过梯度下降法求解 KL 散度值最小化。对每个数据点求偏导，得到梯度公式如式(4-7)所示。

$$\frac{\partial C}{\partial y_i}=4\sum_j(p_{ij}-q_{ij})(1+\|y_i-y_j\|^2)^{-1}(y_i-y_j) \tag{4-7}$$

### 4.1.3 差异性分析

#### 1. 基本概述

通过可视化分析可以直观看出不同驾驶行为参数的分布特征存在一定的差异，但是该差异是否超过可接受阈值、是否显著，则需要通过具体的数据进行理论分析。通常，对数据进行差异分析可以采用假设检验的方法进行论证。假设检验是一种用来分析样本与样本之间、样本与总体之间的差异是由抽样误差引起的还是本质差别造成的统计推断方法，主要利用"小概率事件"原理，来判断假设是否成立。其中，显著性检验是假设检验中最常用的一种方法，按照样本数据是否满足正态分布可以分为参数检验及非参数检验。参数检验要求样本数据来源于正态分布总体，当涉及两个及以上的总体时，还要求正态分布总体的方差相同，主要对样本数据的均值、方差进行检验。当数据不满足正态性假定及方差齐性假定时，可以利用非参数检验来实现由样本数据对总体分布形态的推断[4]。

针对数据已呈现出较为明显的偏态性，宜采用非参数检验来分析驾驶行为参数是否存在显著差异。按照数据类型，对常用的非参数检验方法总结如表 4-1 所示。

**表 4-1　常用的非参数检验方法**

| 数据类型 | 非参数检验方法 |
|---|---|
| 单样本 | 卡方检验、二项分布检验、K-S 检验 |
| 两个独立样本的检验 | 曼-惠特尼 U 检验、K-S 检验 |
| 多个独立样本的检验 | Kruskal-Wallis 检验、中位数检验 |
| 两个相关样本的检验 | 符号检验、Wilcoxon 秩和检验 |
| 多个相关样本的检验 | Friedman 检验、Cochran's Q 检验、Kendall 协同系数检验 |

### 2. Kruskal-Wallis 检验

Kruskal-Wallis 检验又称为 H 检验，是 1952 年由 Kruskal 和 Wallis 共同提出的，也是曼-惠特尼 U 检验在多个独立样本的推广，可以检验多个独立样本的总体分布是否存在显著差异。该检验的原假设为多个独立样本的总体分布不存在显著差异。

假设有 $k$ 组相互独立的随机样本，每组数据包含第 $i$ 组样本中的观察数为 $n_i$，所有样本的观察总数为 $N=\sum_{i=1}^{k} n_i$。

具体的检验步骤包含以下四步：

(1) 步骤一：将样本的 $N$ 个观测值按照升序排序。

(2) 步骤二：求解出样本 $i$ 的秩和 $R_i(i=1, 2, \cdots, k)$。

(3) 步骤三：计算 Kruskal-Wallis 秩和统计量 $KW$，如式(4-8)所示。

$$KW=\frac{12}{N(N+1)}\sum_{i=1}^{k}\frac{R_i^2}{n_i}-3(N+1) \tag{4-8}$$

(4) 步骤四：计算统计量 $KW$ 的 $p$ 值。对于给定的显著性水平 $\alpha$（通常取 0.05），若

$p < \alpha$，则拒绝原假设；若 $p > \alpha$，则不能拒绝原假设。

若检验结果拒绝了原假设，则认为所有样本的总体分布不完全相同，可以对样本进行两两比较。该过程可以分析样本总体之间的差异，避免某一样本的偏差造成对原假设的拒绝。多重比较常用的方法包括最小显著性差异法（Least Significant Difference，LSD）、Sidak 法、Bonferroni 法等。其中，Bonferroni 法应用广泛，适用于组间次数比较不多的情况[5]，故在本研究中选择该方法进行两两比较。同时，此方法还用 $\alpha' = \alpha/N$ 对显著性水平进行调整，能够很好地控制Ⅰ类错误概率，其中 $N$ 代表两两检验的总次数。

### 4.1.4　频域特征分析

车辆行驶过程中，驾驶行为可表现为车辆运动参数的时间序列，由于驾驶员的速度、加速度等参数是随时间和状态的变化而变化的，其在任意一个时刻的取值都是不确定且无法预测的，因此，采集的驾驶行为参数可以看成一个随机信号。时域分析是信号最基本、最直观的表达形式，具有直观和准确的优点。然而，对于时域参数相同的信号，并不能说明信号就完全相同。在信号系统中，信号不仅随时间变化，还与频率、相位等信息有关，这就需要进一步分析信号的频率结构，并在频率域中对信号进行描述。同时，频域内的计算方法能将十分复杂的曲线转化为频率域内的分布，形成相位和幅度组合在一起的频域曲线，可以根据得到的曲线分析隐藏在其中的信息。

#### 1. 傅里叶变换

傅里叶变换可以将信号时域转换到频域，得到信号在频域中的表现形式，是信号分析和处理的重要工具。其实质是将任意一个时域的函数 $f(t)$ 表示成一簇标准正交函数的加权和，将时域信号转换成频域，并将信号在频域内进行处理和分析[6]。

对于给定时间长度为 $N$ 的离散时间序列 $x(n)$，其傅里叶变换如式(4-9)所示。

$$X(k) = \sum_{k=0}^{N-1} X(K) w_N^{-nk} \tag{4-9}$$

式中，$w_N = e^{-j2\pi/n}$，$k = 0, 1, \cdots, N-1$。

其反变换定义如式(4-10)所示。

$$x(n) = \frac{1}{N} \sum_{n=0}^{N-1} X(k) \cdot w_N^{-nk} \tag{4-10}$$

通常，算法的复杂性和效率通过其所需的乘法和加法运算次数来衡量。其中 $x(n)$，$X(k)$，$w_N$ 通常为复数形式，对于整个离散傅里叶运算需要进行 $N^2$ 次复数乘法以及 $N(N-1)$次复数加法。直接使用 DFT 的定义计算，会使得傅里叶变换的计算复杂度很大。

快速傅里叶变换利用 $w_N$ 的周期性和对称性，可以使长序列的 DFT 分解为点数更小的 DFT，从而大幅降低了算法运算的工作量。快速傅里叶变换是将输入序列在时域上的次序按偶数和奇数来抽取，对于任意一个 $N=2M$ 点长序列的 DFT 运算，采用 $M$ 次分解，最后分解成 2 点的 DFT 运算的组合，从而降低了运算量[7]。计算复杂度的降低使快速傅里叶变换在信号处理领域成为十分实用的方法。

### 2. 小波分析

虽然经典的傅里叶变换方法可以获取驾驶行为信号的频域结构，但是由于傅里叶变换是一种全局变换，信号的频率成分丢失了时间上的局部特性，无法给出信号各频率成分出现在哪些时间段上。而小波变换是一种信号的时频分析方法，它具有多分辨率分析的特点，而且在频域上均具有表征信号局部时间特征的能力。其通过伸缩平移运算对信号(函数)逐步进行多尺度细化，最终达到高频处时间细分、低频处频率细分，能自动适应时频信号分析的要求，从而可聚焦信号的任意细节[6]。因此，小波分析既能捕获信号在某个时间段或时间点上的频率成分，又能获取某个频率段或者频率点与信号时间有关的信息，因而能有效地从信号中提取信息，成为时频分析的理想工具。小波变换在信号处理与分析、数字图像处理、瞬态分析等领域都得到了广泛的应用。

### 3. 小波分析的基本原理

小波分析的基本思想是用一系列小波函数的线性组合函数来表示或逼近一个信号。在对信号进行分解时，傅里叶变换采用的基本信号是 $\sin(\omega t)$，$\cos(\omega t)$ 或 $e^{j\omega t}$，其对于信号的突变无法处理。而小波变换采用的是小波函数和尺度函数，是通过某种函数的平移和伸缩构成的。

设 $\psi(t) \in L^2(R)$，$L^2(R)$ 表示平方可积的实数空间，其傅里叶变换为 $\hat{\psi}(\omega)$，当 $\hat{\psi}(\omega)$ 满足如式(4-11)所示的条件时：

$$C_\psi = \int_R \frac{|\hat{\psi}(\omega)|^2}{|\omega|} d\omega < \infty \tag{4-11}$$

$\psi(t)$ 被称为母小波或者小波基。

母小波经过平移或伸缩得到子小波，如式(4-12)所示。

$$\psi_{a,b}(t) = \frac{1}{\sqrt{|a|}}\psi\left(\frac{t-b}{a}\right) \quad a, b \in R; a \neq 0 \tag{4-12}$$

式中　$a$——伸缩因子，又称为尺度因子；

$b$——平移因子。

母小波和子小波的关系变换如图 4-1 所示。

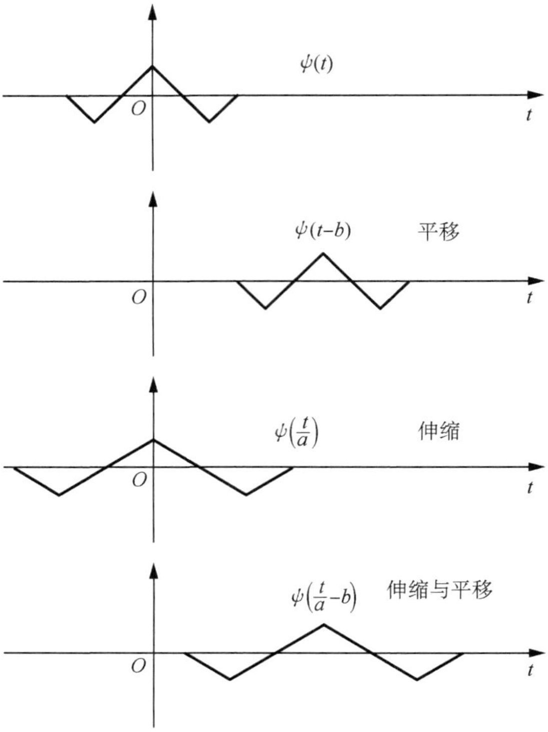


**图 4-1　母小波和子小波的关系变换图**

对于给定信号 $f(t)$，其小波变换定义如式(4-13)所示。

$$W_{\psi}f(a,b)=\frac{1}{\sqrt{|a|}}\int_{-\infty}^{+\infty}f(t)\bar{\psi}\left(\frac{t-b}{a}\right)\mathrm{d}t \tag{4-13}$$

由于采集的驾驶行为信号为离散的时间序列，因此采用离散小波变换进行处理，其离散小波变换形式如式(4-14)所示。

$$W_{\psi}f(a,b)=|a|^{-\frac{1}{2}}\Delta t\sum_{k=1}^{N}f(k\Delta t)\bar{\psi}\left(\frac{k\Delta t-b}{a}\right) \tag{4-14}$$

因此，针对不同的频率成分，小波在时域上的取样步长是可调的，高频者采样步长小，低频者采样步长大。其实现了窗口的大小固定、形状可变的时频局部化。

### 4. 多分辨分析

Mallat 和 Meyer 于 1986 年提出了小波多分辨分析的概念，并构造了具有一定衰减性的光滑函数，为小波分析提供了分析算法。其将小波函数、尺度函数、特定的空间序列、双尺度方程及相应的滤波器组以其特有的方式联系在一起[8]。多分辨分析为构造小波基、尺度函数和小波函数提供了统一的理论框架。

以 5 层分解为例，对多分辨分析进行说明，小波分解示意如图 4-2 所示。

从图 4-2 可以明显看出，多分辨分析实质上是通过多个低通滤波器与高通滤波器，对

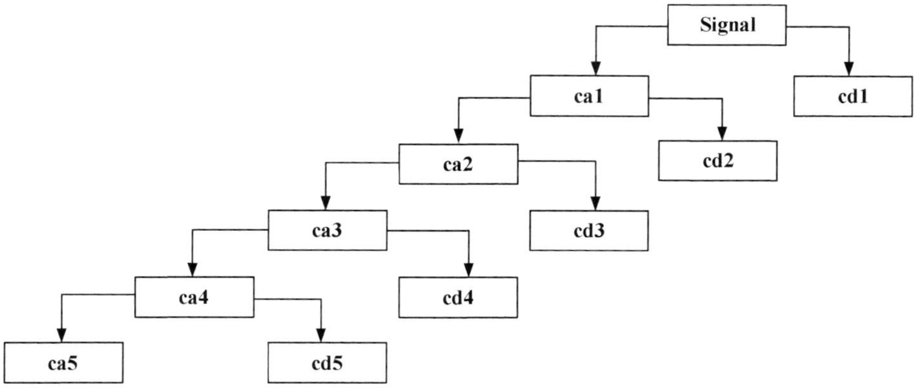


**图 4-2　小波分解示意图**

信号进行分解，分解式为 $S_0 = ca5 + cd5 + cd4 + cd3 + cd2 + cd1$。下面进一步给出多分辨分析的相关理论。

对于每个 $f(t) \in R$，由小波分解可得到相应的小波系数，如式(4-15)所示。

$$f(t) = \sum_{j,k} C_{j,k} \psi_{j,k}(t) \tag{4-15}$$

如果 $\{\psi_{j,k}\}$ 构成侧 Riesz 基，设 $W_j = span\langle \psi_{j,k} \quad k \in zz \rangle$，表示 $\psi_{j,k}$ 线性张成的闭空间。则有：

$$L^2(IR) = \sum_{j \in z} W_j \tag{4-16}$$

因此，任何信号 $f(t) \in L^2(R)$ 都有唯一分解，如式(4-17)所示。

$$f(t) = \sum_{j \in z} g_j(t),\ g_j(t) \in W_j \tag{4-17}$$

在以上基础上引入多分辨分析，令

$$V_j = W_{j+1} + W_{j+2} + \cdots,\ j \in zz \tag{4-18}$$

其具有以下性质：

(1) 一致单调性：$V_{j-1} \supset V_j$，$j \in zz$。

(2) 渐进完全性：$\bigcap_{j \in zz} V_j = \{0\}$，$\bigcup_{j \in z} \bar{V}_j = L^2(R)$。

(3) 伸缩规则性：$f(t) \in V_j \Leftrightarrow f(2t) \in V_{j-1}$。

(4) 平移不变性：$f(t) \in V_0 \Rightarrow f(t-k) \in V_0$，$k \in zz$。

(5) Riesz 基存在性：存在尺度函数 $\varphi(t) \in V_0$，使得 $\varphi_{0,k}(t) = \varphi(t-k)$ 构成 $V_0$ 中的一个标准正交基。

因此，利用多分辨分析，可控制分解的层数，直至将信号分解达到满意为止，此时：

$$f(t) = f_m(t) + g_m(t) + g_{m-1}(t) + \cdots + g_1(t) \tag{4-19}$$

信号 $f(t)$ 在 $V_{j-1}$ 上的正交投影 $P_{V_{j-1}}f$ 含有它在 $V_j$ 上正交投影的全部信息，即

$$P_{V_{j-1}}f = P_{V_{j-1}}f + \sum_{j,k} C_{j,k}\psi_{j,k}(t) \tag{4-20}$$

**5. 小波基的选择**

小波变换中可选择的小波基函数的种类很多。在实际分析过程中，为获得最佳的分析结果，应根据应用领域实际需求的不同，选择不同的母小波函数。常用的小波函数有Haar 小波、Daubechies 小波、Biorithgonal 小波、Coiflet 小波、Symlet 小波、Morlet 小波、Mexican hat 小波、Meyer 小波，等等。

小波基有效逼近实际信号的能力，取决于其数学特性，主要包括紧支撑性、对称性、正交性、双正交性和消失矩等[9]。常见小波基的主要性质如表 4-2 所示。

**表 4-2　常见小波基的主要性质**

| 小波基 | 正交性 | 双正交性 | 紧支撑性 | 连续小波变换 | 离散小波变换 | 对称性 | 近似对称 |
|---|---|---|---|---|---|---|---|
| Harr | √ | √ | √ | √ | √ | √ | |
| Daubechies | √ | √ | √ | √ | √ | | |
| Biorthgonal | | √ | √ | √ | √ | √ | |
| Coiflets | √ | √ | √ | √ | √ | | √ |
| Symlets | √ | √ | √ | √ | √ | | √ |
| Morlet | | | | √ | | | |
| Mexican hat | | | | √ | | √ | |
| Meyer | √ | √ | | √ | √ | √ | |

具有对称性的小波不产生相位畸变；具有较好紧支撑性的小波易获得光滑的重构曲线，从而减少误差，且支撑长度越长，一般需要耗费的计算时间越多，产生的高幅值小波系数也越多[10]。Biorthgonal 小波系列不具有正交性，Morlet 和 Mexican hat 小波系列不能离散小波变换，Meyer 小波系列不是紧支撑的，Haar 小波只有一阶消失矩，光滑性较差；Daubechies 小波系列的支撑不具有对称性。而 Symlets 和 Coiflet 小波系列，具有较好的光滑性，具有正交性和紧支撑性，且是近似对称的。因此本书选取 Symlets 作为小波基对信号进行分析处理。

**6. 小波层数的确定**

不同的小波分解层数，会影响着小波逼近信号的性能。当分解层数越大时，不同频率成分表现的不同特性越明显，越有利于分离出频域成分。但是分解层数越大，信号失真也越大，误差也就越大[10]。因此，应选择一个适当的分解层数以实现二者的平衡。

# 4.2 不同驾驶状态下驾驶特征分析

通过实验采集驾驶志愿者在相同路段场景下不同状态的驾驶行为数据。实验得到的驾驶行为数据集,用于分析驾驶员在不同驾驶状态下的驾驶行为差异性,从中提取驾驶行为数据特征。

## 4.2.1 时域特征分析

### 1. 速度

速度是车辆驾驶行为数据中的一个重要参数,能够直观地反映车辆运动的状态,也是分析驾驶风格的一个重要因素。图 4-3 展示了其中三名志愿者在不同驾驶状态下的车速变化曲线。其中,每个路段的第一个、第二个和第三个子图分别来自同一名驾驶志愿者。

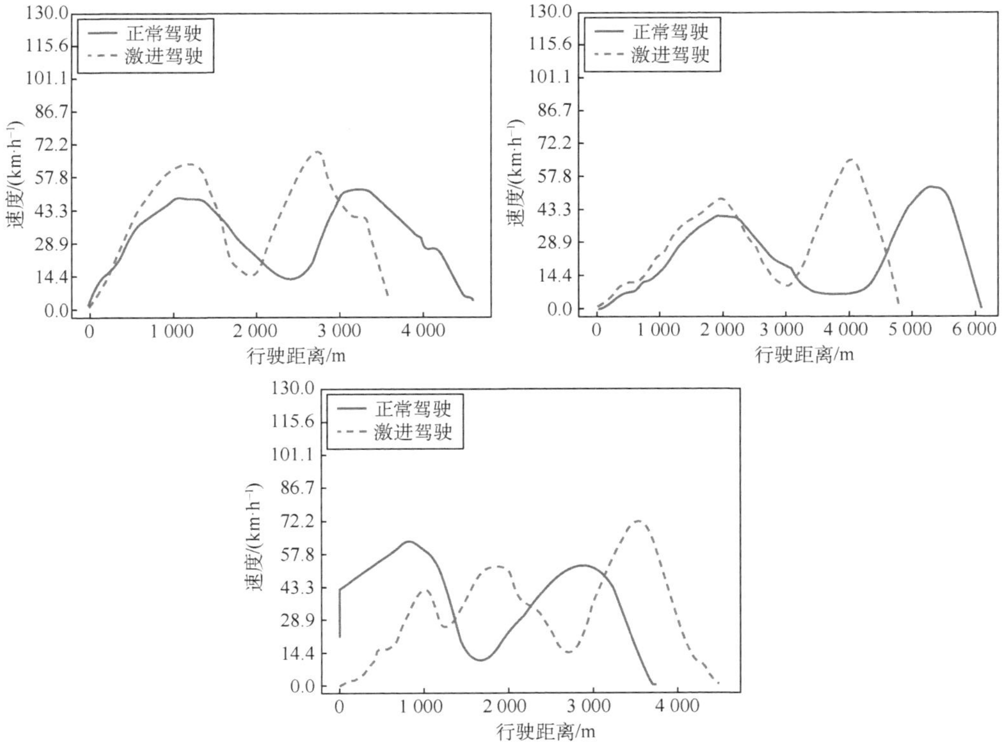

(a) 路段1

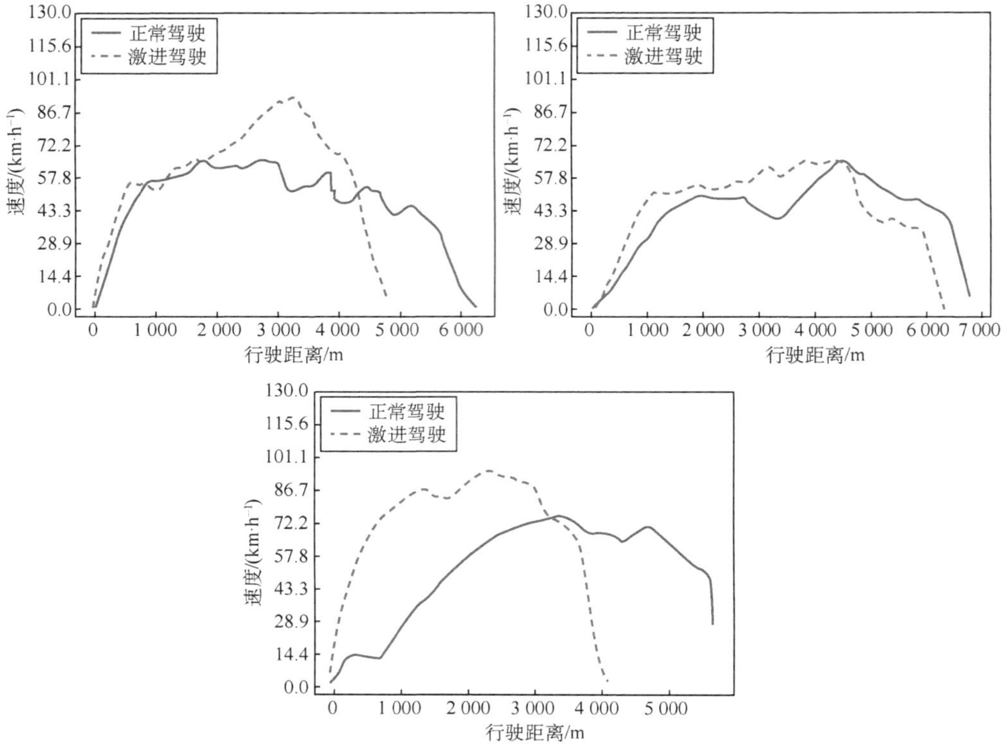

(b) 路段2

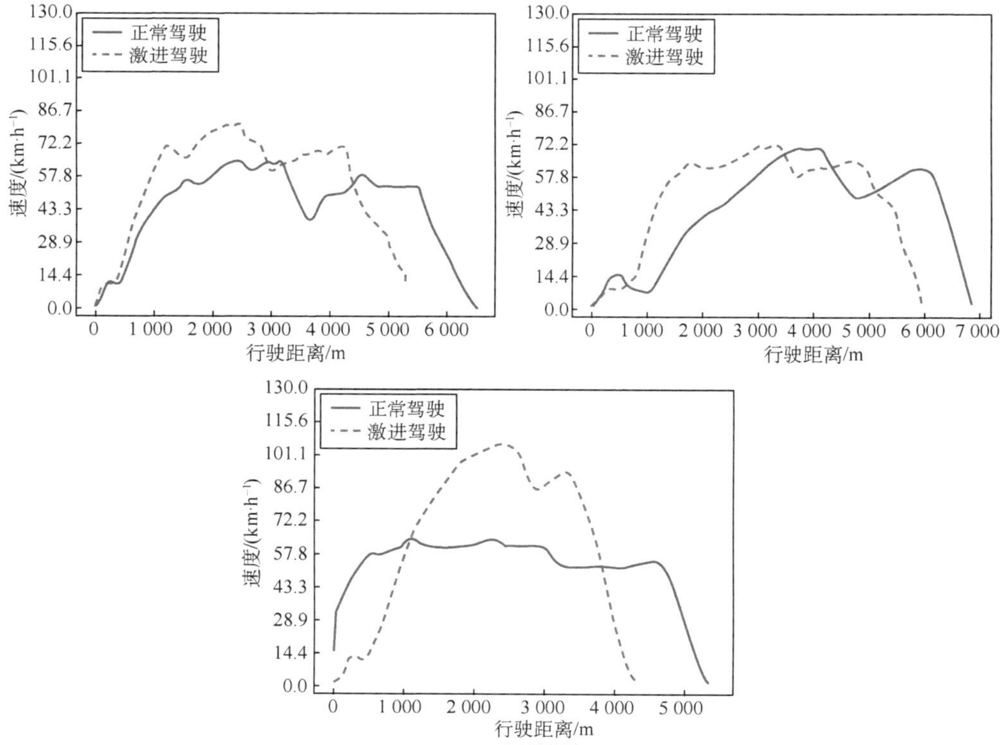

(c) 路段3

**图 4-3　车速变化曲线**

由图 4-3 可知，行驶相同距离的路段，驾驶志愿者在激进状态下的行驶时间比正常驾驶状态的要短。在较为笔直路段，如路段 2 和路段 3 的子图所示，激进驾驶状态时驾驶员的总体速度相对于正常状态的要高，且可以看到激进驾驶车速曲线会出现明显的峰值。在带环岛的路段，如路段 1 的子图所示，经过环岛的时候在曲线上会出现一个下峰(对应驾驶情况：驾驶员减速转弯通过环岛)；从下峰的开口大小可以看到，激进驾驶状态下，驾驶员的下峰的开口更小，这意味着驾驶员通过环岛所用的时间更短；下峰的峰值稍微比正常状态下的要高，表明激进状态下的驾驶员通过环岛时的速度要大一些。此外，相对于同一种驾驶行为状态，从不同的驾驶员的速度峰值以及速度变化波动可以看出，每个驾驶员的速度变化曲线存在着个体差异性。在激进驾驶状态下，驾驶志愿者的共同特点是激进驾驶时，速度的峰值较大。

接着，统计了所有样本中不同状态下的车速平均值和车速标准差(图 4-4)。由图 4-4(a)可以看出，激进驾驶状态下驾驶员的车速相对于正常状态的要高且在较为笔直的路段(路段 2 和路段 3)更为明显。车速标准差能反映驾驶志愿者控制车速的能力，车速标准差越大，表示车速变化越不平稳。从图 4-4(b)可以看出，激进驾驶状态下驾驶员的车速标准差更大，表明驾驶员的车速变化波动性大且不稳定。

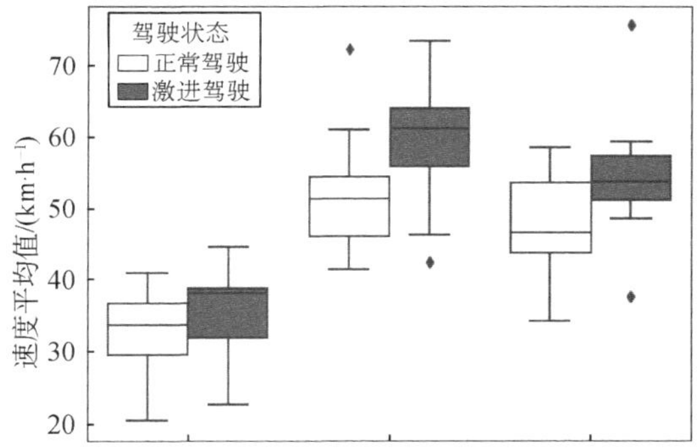

(a) 车速平均值箱形图

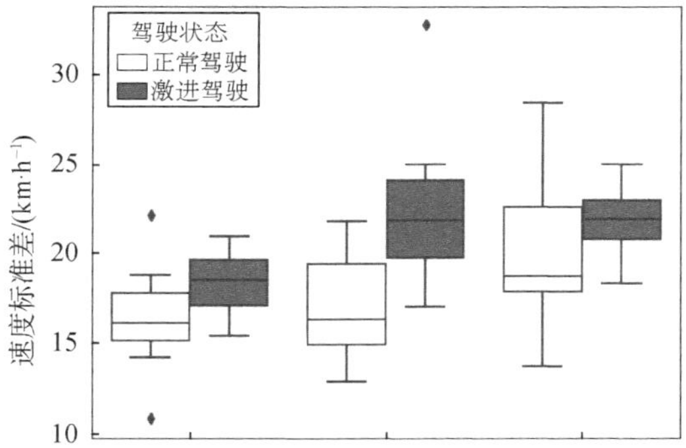

(b) 车速标准差箱形图

**图 4-4　车速均值与车速标准差图**

## 2. 加速度

加速度变化的大小直接影响着车辆的速度变化，也是反映驾驶员对车辆控制能力的因素之一。为对比分析加速度变化幅度大小，在分析加速度的均值时对加速度的均值取绝对值。图 4-5 展示了在实验路段上，不同驾驶状态下的驾驶员加速度平均值和标准差箱形图。如图 4-5(a)所示，激进驾驶状态与正常驾驶状态的纵向加速度均值没有太大的区别，但是从图 4-5(b)中可以看到，激进驾驶状态下的加速度标准差相对更大。这与激进驾驶过程中驾驶员突然加减速的行为有关。激进驾驶状态下，驾驶员在路段上喜好追逐，加减速较猛，在接近交叉口或者靠近前车的地方逼不得已才会紧急制动。同样，在横向加速度的均值与标准差分布箱形图[图 4-5(c)和图 4-5(d)]中可以看到，激进驾驶的指标相对较高，这与驾驶员在驾驶过程中频繁换车道和超车有关。

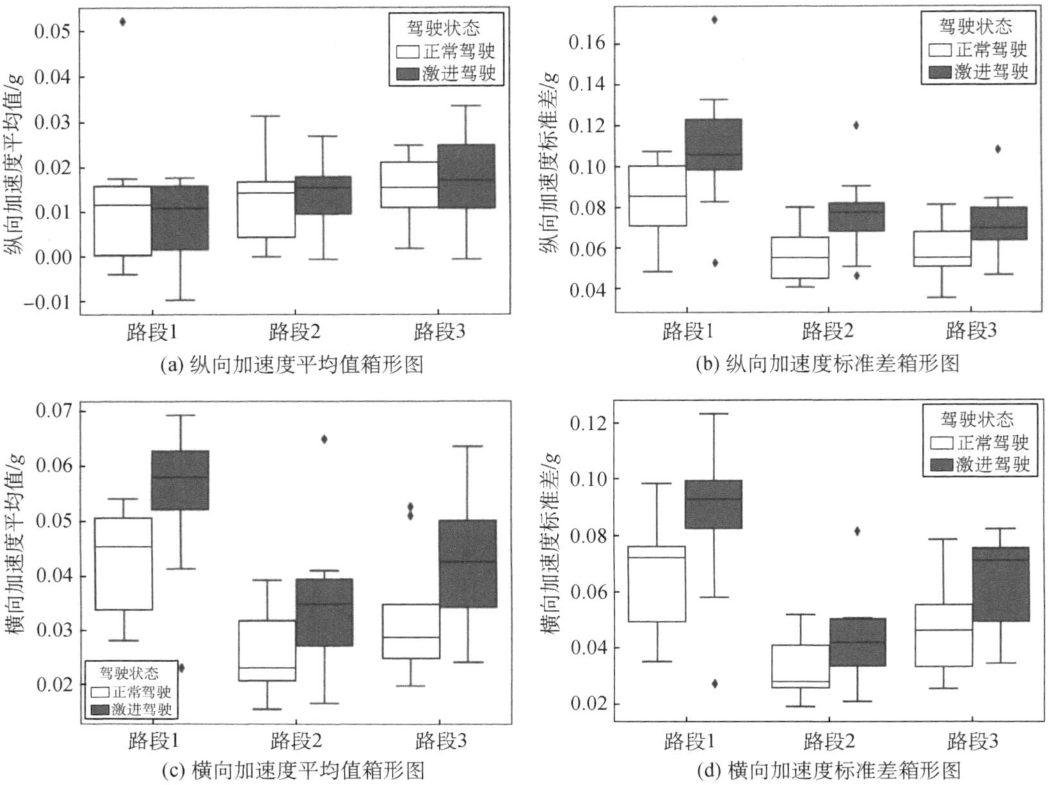


**图 4-5　加速度平均值和标准差箱形图**

### 3. 偏航角与偏航角加速度

偏航角是描述车辆偏移航线角度的参数指标，偏航角箱形图如图 4-6 所示。从图 4-6(a)中可以看到，激进驾驶状态下的偏航角平均值和标准差的中位数比正常驾驶状态要高，这意味着激进驾驶状态下驾驶员驾驶的车辆偏航幅度会更大且偏航角变化的波动性更大，这和驾驶实验中激进驾驶员频繁换道密切相关。

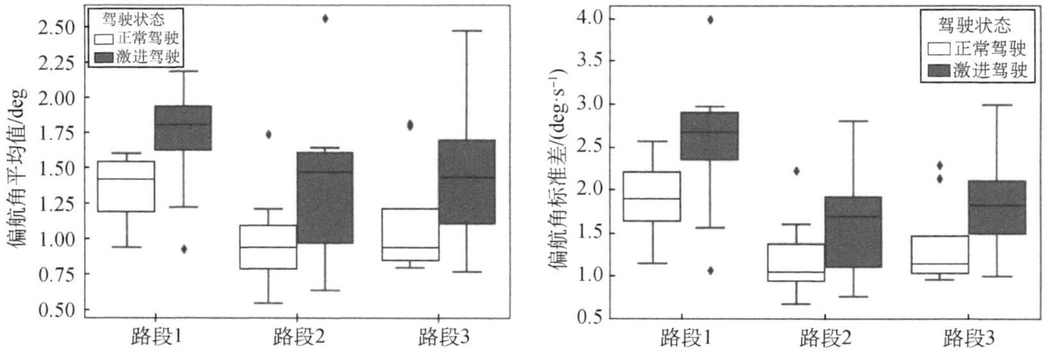


(a) 偏航角平均值　　(b) 偏航角标准差

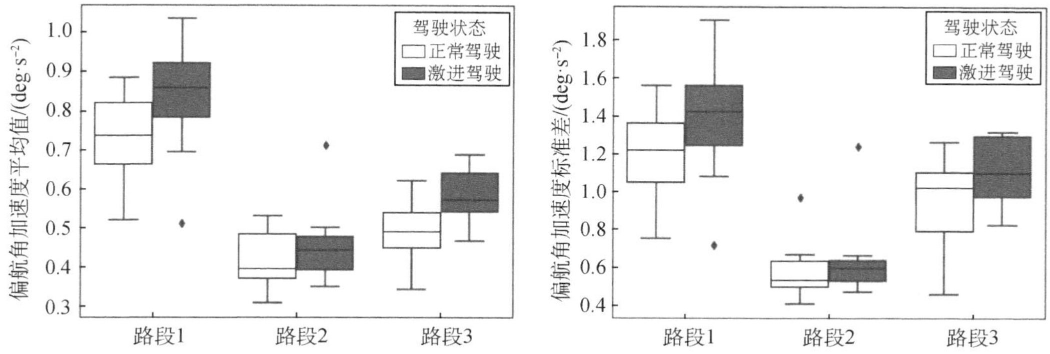


(c) 偏航角加速度平均值　　(d) 偏航角加速度标准差

**图 4-6　偏航角箱形图**

## 4.2.2　频域特征分析

利用快速傅里叶变换以及小波变换对加速度、偏航角以及偏航角加速度等序列数据进行频率分解，通过分析频率成分和幅度，对比驾驶员在不同驾驶状态下的频域特征。

### 1. 纵向加速度傅里叶频谱

图 4-7 展示了三名驾驶员的纵向加速度频谱图，每个路段的第一、第二、第三子图分别代表同一位驾驶志愿者在不同路段上的纵向加速度频谱图。从图中可以看到，在无环岛路段，激进驾驶员的纵向加速度频谱曲线在 7～10 Hz 处会出现小波动；也有小部分激进驾驶员的纵向加速度频谱曲线在 6～8 Hz 出现较小的波动。这表明，驾驶员在激进驾驶状态时纵向加速度的频率会出现高频，这与驾驶员在激进状态中频繁加减速相关。而在带环岛路段，暂时没有发现明显的频谱波动。

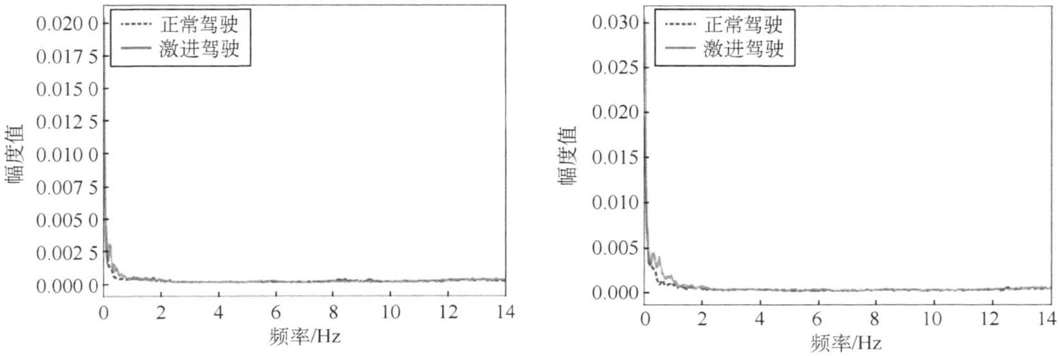

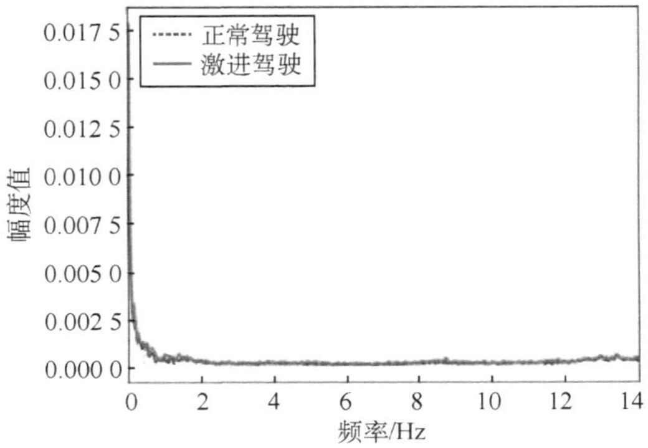


(a) 路段1

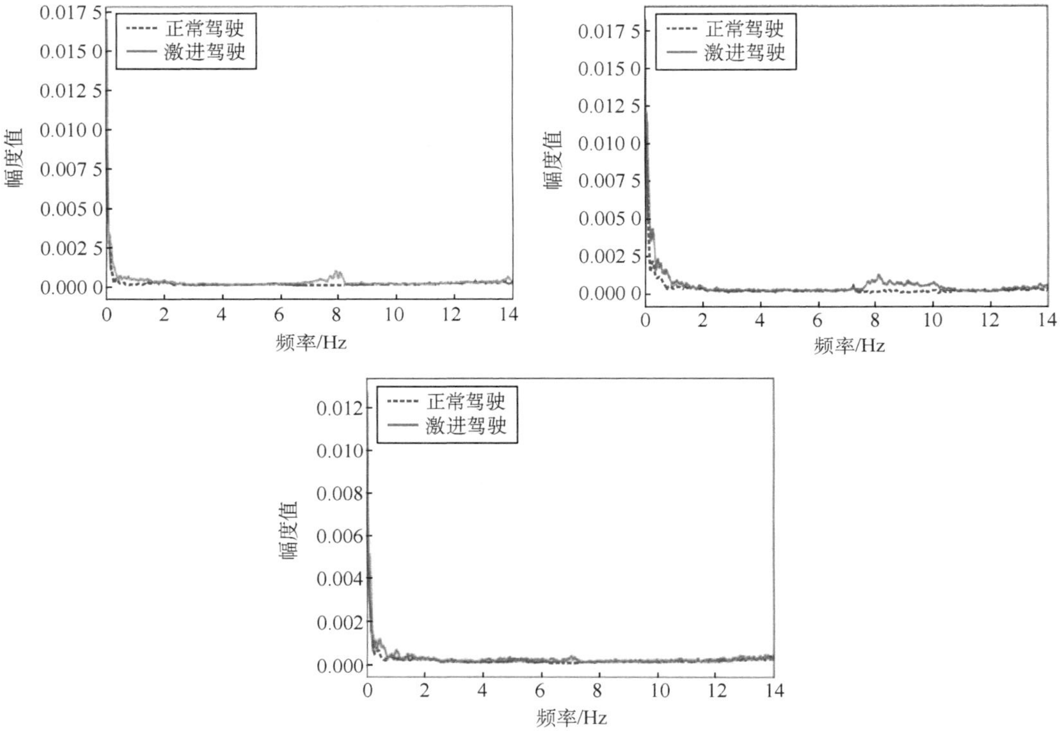


(b) 路段2

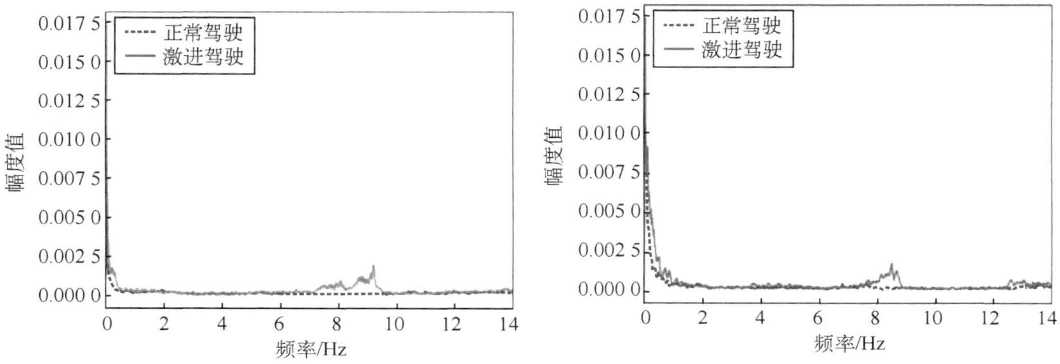

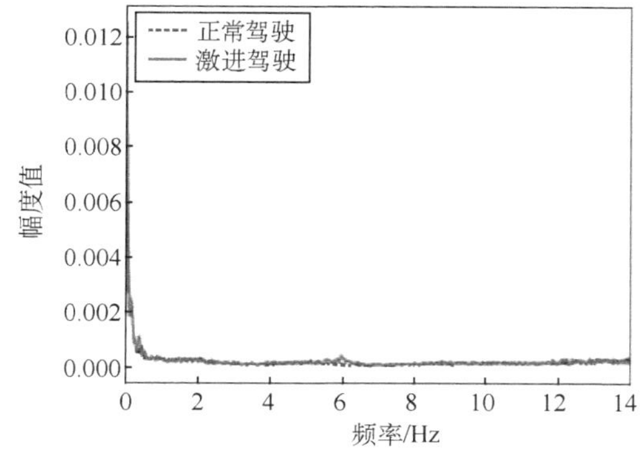


(c) 路段3

**图 4-7　纵向加速度频谱图**

### 2. 横向加速度傅里叶频谱

图 4-8 展示了三名驾驶员的横向加速度频谱图，同样每个路段的第一、第二、第三子图分别绘制了同一名驾驶志愿者在不同路段的横向加速度频率分解情况。在不带交通环岛路段，激进驾驶状态下驾驶员的横向加速度频谱曲线在 6～10 Hz 处也会出现小波动，这与驾驶员在激进驾驶状态下频繁换道行为相关。

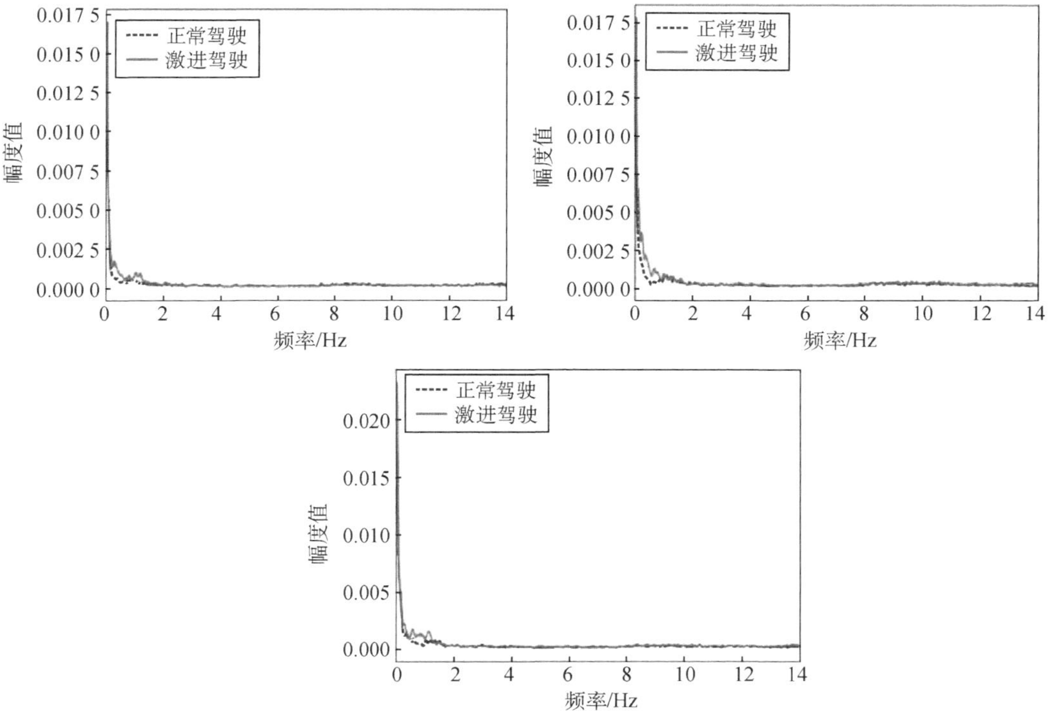


(a) 路段1

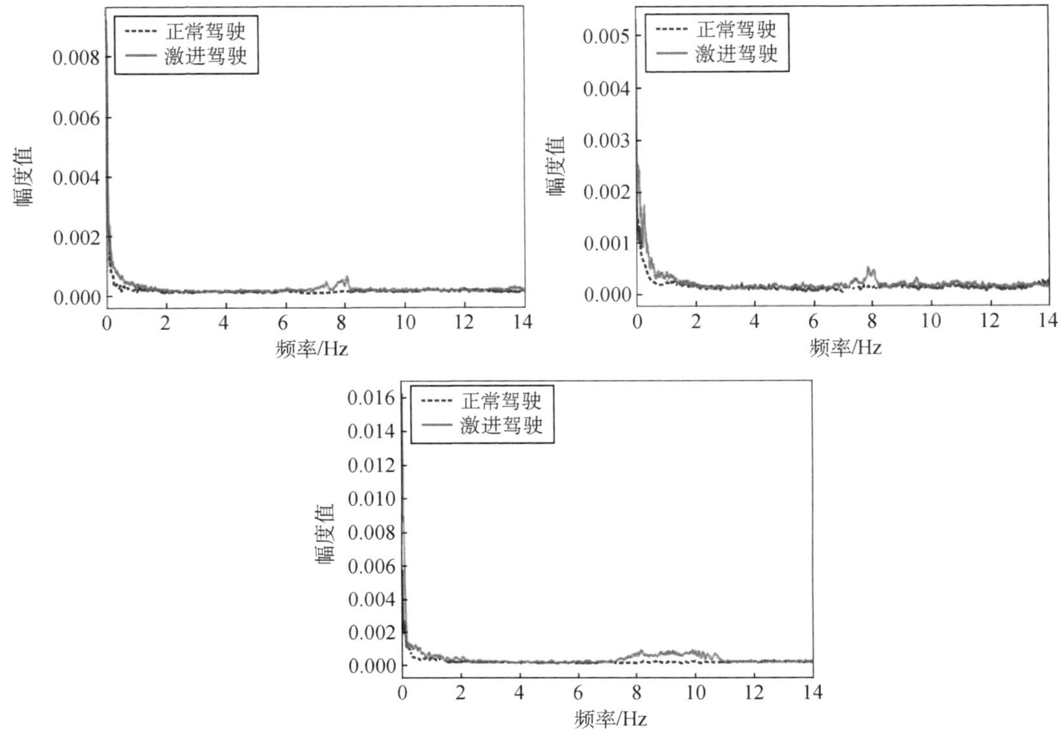


(b) 路段2

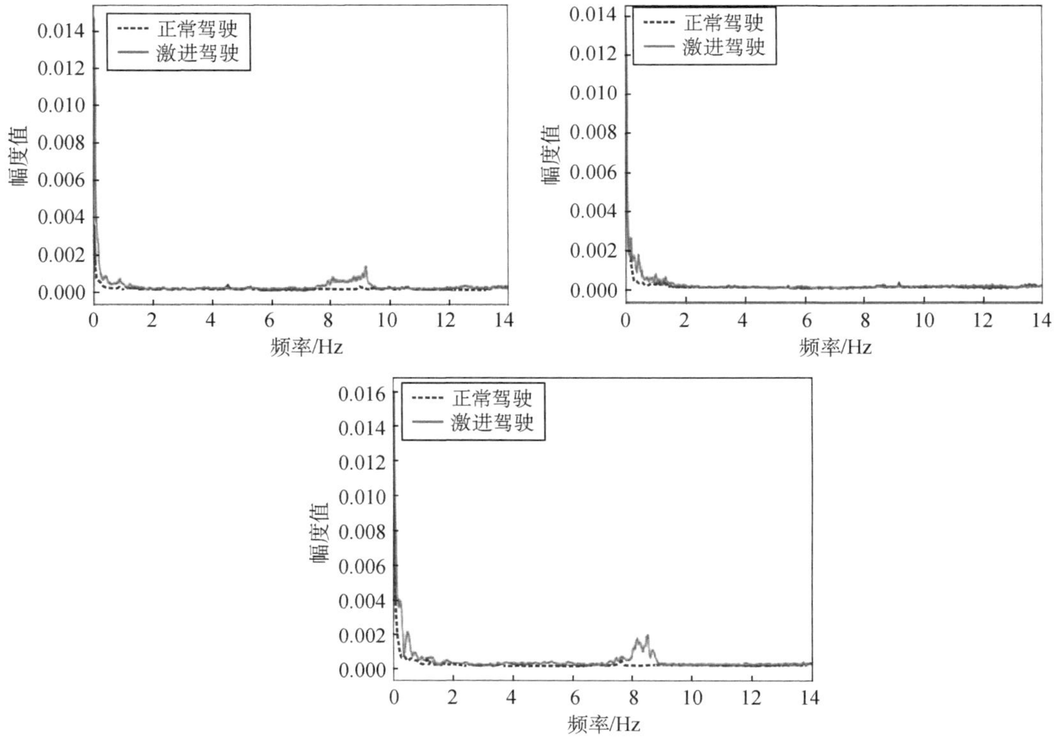


(c) 路段3

**图 4-8　横向加速度频谱图**

### 3. 偏航角及其加速度傅里叶频谱

偏航角以及偏航角加速度的傅里叶频谱分解图分别为如图 4-9 和图 4-10 所示。在实验数据中，大多数驾驶员的偏航角与偏航角加速度频谱分解图规律接近，因此图中只展示了其中一名驾驶志愿者的频谱分解图。从图中可以看到，驾驶员在不同的驾驶状态下偏航角以及偏航角加速度的傅里叶频谱分解曲线，偏航角频率主要在 0～2 Hz，偏航角加速度频率主要在 0～4 Hz。此外，驾驶员在激进驾驶状态时，频率的幅度值相对于正常驾驶状态高。如果这两种特征指标需要作为驾驶状态的区分特征，还需要进一步对频谱的信号幅值面积进行研究。

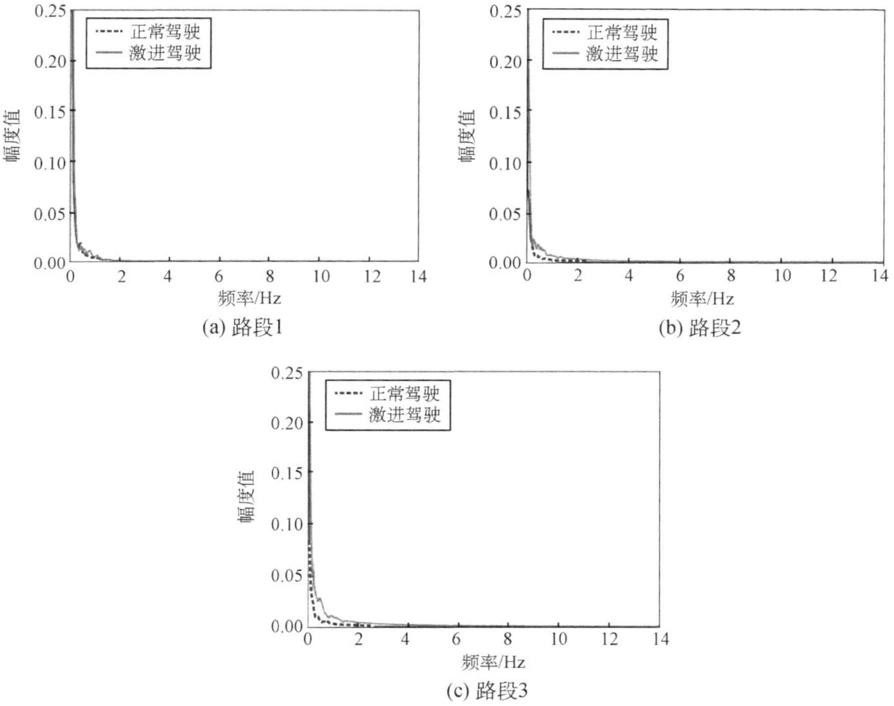


图 4-9 偏航角频谱图

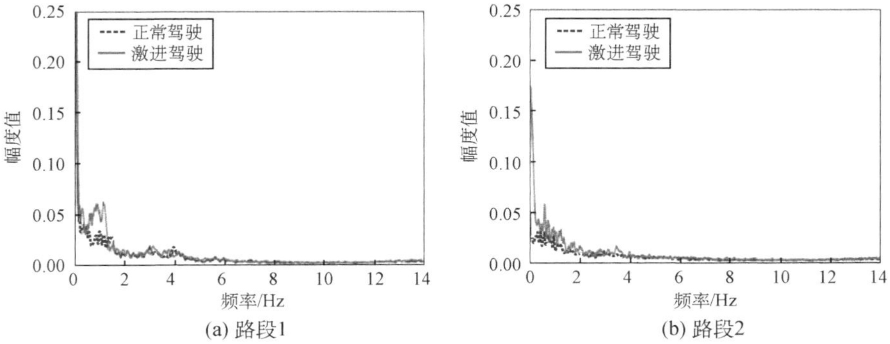

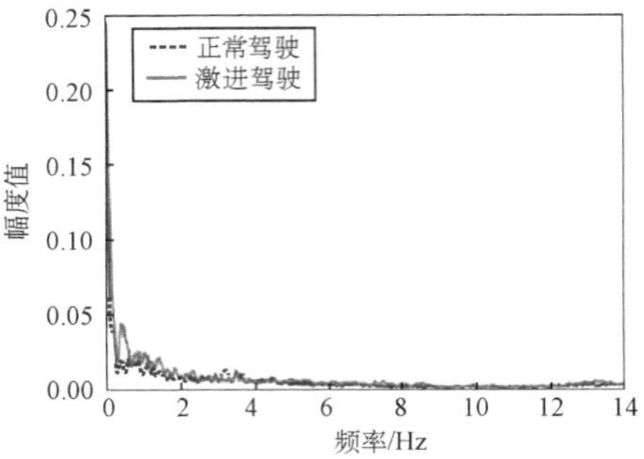


(c) 路段3

**图 4-10　偏航角加速度频谱图**

### 4. 小波分解

为了进一步寻找驾驶行为特征的频率分布规律，对驾驶行为特征序列数据进行小波分解。参考以往研究的结论，5 尺度的小波分解能够保留更多的驾驶行为数据特征，并且有较好的去噪效果，因此本书使用能适应实时检测环境的 Haar 小波基函数进行 5 尺度小波分解。由于驾驶行为数据的特征以及小波系数分解结果较多，因此，图 4-11 中仅展示

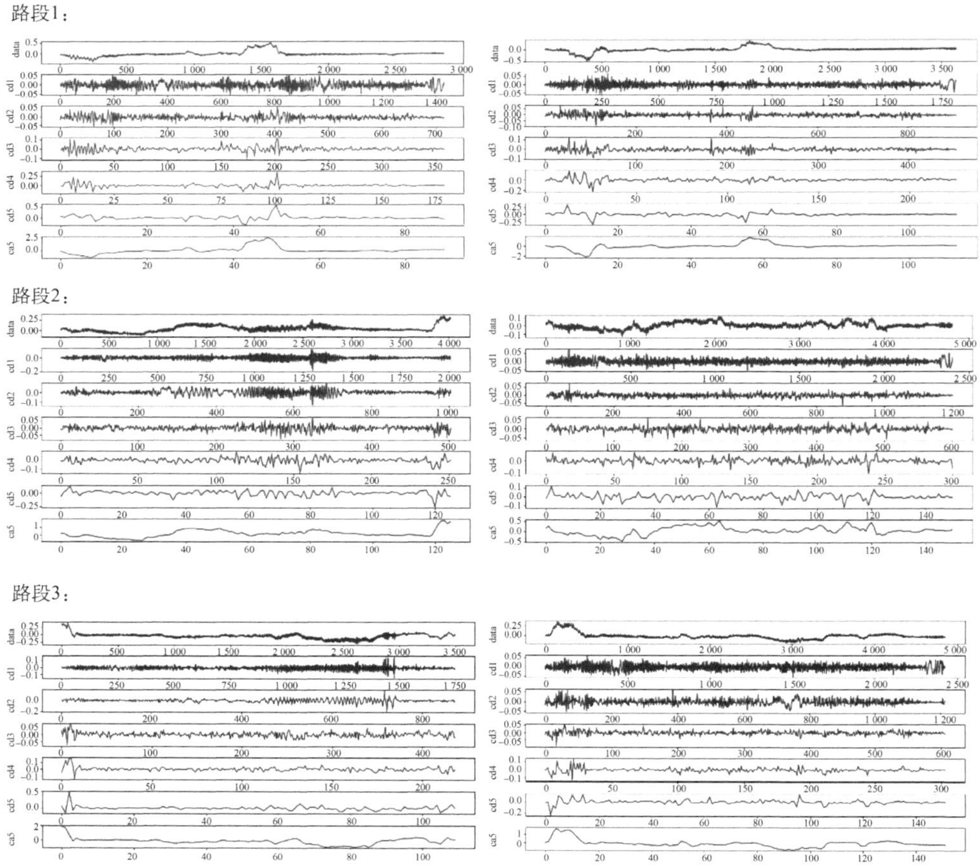


(a) 激进驾驶状态　　(b) 正常驾驶状态

**图 4-11　横向加速度小波分解图**

了其中一名驾驶志愿者在不同驾驶状态下横向加速度的小波分解系数图。每个子图从上到下分别是原始数据图以及经过小波分解后各尺度系数(包括高频分量系数 cd1，cd2，cd3，cd4，cd5 和低频分量系数 ca5)分布图。其中，三行子图分别代表该驾驶志愿者在路段 1、路段 2 和路段 3 上的小波分解图，两列分别代表了不同的驾驶状态(左子列代表激进驾驶，右子列代表正常驾驶)。从小波分解图可以看到，随着分解层次越来越大，高频重构信号的特征能够越来越明显，cd1—cd3 层中驾驶行为数据信号的毛刺噪声相对较多，cd4—cd5 层中驾驶行为数据信号可以清晰地看到数据特征，且大多数的噪声已经过滤掉了。而低频重构信号 ca5 的数据特征丢失较为严重。本书选择对各个驾驶行为特征(速度、纵向加速度和横向加速度等)进行 5 层的小波分解，并且将高频分量系数和低频分量系数作为该特征参数的小波特征。

此外，本书还对所有驾驶员横向加速度的高频重构信号 cd5 层系数，进行平均值和标准差的统计分析，得到的箱形图如图 4-12 所示。从图 4-12 中可以看到，激进驾驶和正常驾驶状态下，cd5 层系数的平均值和标准差统计量在数值分布上具有一定的可区分差异性。

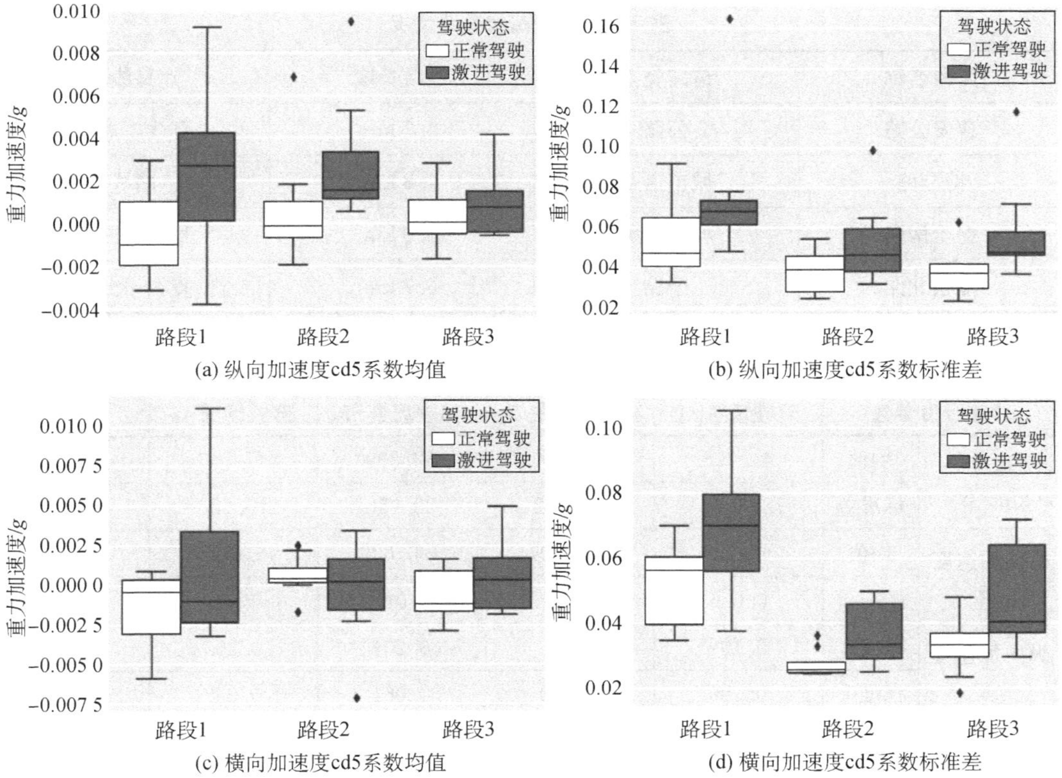

(a) 纵向加速度cd5系数均值
(b) 纵向加速度cd5系数标准差
(c) 横向加速度cd5系数均值
(d) 横向加速度cd5系数标准差

**图 4-12 加速度小波系数统计箱形图**

## 4.3 不同场景下驾驶行为特征分析

驾驶环境是影响驾驶人行为的一项重要因素，从数理及可视化角度分析不同驾驶场景的驾驶行为数据是否存在显著差异，探究不同场景下的驾驶行为特征对准确刻画驾驶人行为、评估不同驾驶场景下的交通安全、提高交通管理水平均有着积极作用。

### 4.3.1 参数基本特征分析

以自然驾驶试验采集数据为例，依据所选试验路线，综合道路线形、道路等级、道路车流量、交通流组成等条件将驾驶场景划分为四类，分别为直线公路(驾驶场景-1)、曲线公路(驾驶场景-2)、直线城市道路(驾驶场景-3)、曲线城市道路(驾驶场景-4)，具体场景信息如表 4-3 所示。通过分析该四种典型场景下的参数数据，可以探究不同驾驶场景对驾驶行为影响的差异性，对不同驾驶场景下的驾驶行为参数进行统计，可得表 4-4。

**表 4-3　试验路线道路情况**

| 路段名称 | 道路类型 | 线路长度 | 道路线形 |
|---|---|---|---|
| 曹安公路 | 公路 | 4.7 km | 直线+曲线 |
| 博园路 | 城市道路 | 4.8 km | 曲线 |
| 墨玉南路 | 城市道路 | 1.0 km | 直线+曲线 |
| 嘉松北路 | 公路 | 6.7 km | 直线+曲线 |

**表 4-4　不同驾驶场景下的参数描述性统计表**

| 驾驶行为参数 | | 驾驶场景-1 | 驾驶场景-2 | 驾驶场景-3 | 驾驶场景-4 | 整体 |
|---|---|---|---|---|---|---|
| 速度/(km·h$^{-1}$) | 均值 | 44.298 | 34.184 | 32.899 | 47.543 | 39.731 |
| | 标准差 | 23.921 | 27.602 | 23.958 | 16.556 | 24.390 |
| 横向加速度/$g$ | 均值 | −0.005 | −0.007 | −0.009 | −0.007 | −0.007 |
| | 标准差 | 0.026 | 0.025 | 0.027 | 0.047 | 0.033 |
| 纵向加速度/$g$ | 均值 | 0.199 | 0.202 | 0.201 | 0.205 | 0.202 |
| | 标准差 | 0.060 | 0.058 | 0.061 | 0.057 | 0.059 |
| 垂直加速度/$g$ | 均值 | 0.977 | 0.975 | 0.975 | 0.975 | 0.975 |
| | 标准差 | 0.036 | 0.038 | 0.044 | 0.049 | 0.042 |
| 翻滚角/deg | 均值 | −0.032 | 0.018 | −0.044 | −0.004 | −0.015 |
| | 标准差 | 0.540 | 0.606 | 0.650 | 0.804 | 0.660 |

（续表）

| 驾驶行为参数 | | 驾驶场景-1 | 驾驶场景-2 | 驾驶场景-3 | 驾驶场景-4 | 整体 |
|---|---|---|---|---|---|---|
| 俯仰角/deg | 均值 | 0.020 | 0.013 | 0.016 | 0.019 | 0.017 |
| | 标准差 | 0.862 | 1.107 | 1.005 | 1.414 | 1.132 |
| 偏航角/deg | 均值 | −0.084 | 0.053 | −0.195 | −0.008 | −0.058 |
| | 标准差 | 0.668 | 0.759 | 0.911 | 1.495 | 1.021 |
| 翻滚角速度/($deg \cdot s^{-1}$) | 均值 | −0.274 | −0.280 | −0.519 | −0.373 | −0.386 |
| | 标准差 | 1.276 | 1.264 | 1.373 | 2.682 | 1.772 |
| 俯仰角速度/($deg \cdot s^{-1}$) | 均值 | −11.664 | −11.799 | −11.829 | −12.006 | −11.825 |
| | 标准差 | 2.966 | 2.865 | 2.926 | 2.543 | 2.821 |
| 偏航角速度/($deg \cdot s^{-1}$) | 均值 | −96.634 | −112.519 | 104.090 | 83.046 | −5.504 |
| | 标准差 | 123.360 | 120.368 | 123.205 | 139.642 | 160.966 |

注：表格中的数据均保留到小数点后三位。

车辆的三轴加速度——横向加速度、纵向加速度、垂直加速度，分别表征着车辆在垂直前进方向的平稳性、前进方向行车的稳定性以及车辆上下颠簸的状况。根据表 4-4 可以看出：车辆在各个驾驶场景下的纵向稳定性较好，均无明显偏移；而在驾驶场景-4(曲线城市道路)下，车辆的横向稳定性较差，可能由于道路线形曲线较明显，从而产生了较大的车辆横向偏移；垂直加速度在驾驶场景-3(直线城市道路)、驾驶场景-4(曲线城市道路)的标准差较大，其原因可能是实际道路中存在较大的坡度变化。

车辆的姿态角表征了车辆三维空间的运动状况。角速度表现了姿态角的变化快慢。其中，翻滚角是车辆绕车辆前进方向的旋转角度；俯仰角是车辆绕垂直前进方向的旋转角度；偏航角是车辆绕垂直地面旋转的角度，表现车辆横向运动的平稳程度。由表 4-4 可得：翻滚角、俯仰角、偏航角均在驾驶场景-1(直线公路)表现得离散性较低，在驾驶场景-4(曲线城市道路)表现得离散性较高，说明角度类参数可能与道路场景的相关性较高。偏航角速度方差较大，车辆在水平方向上稍有移动，偏航角即发生变化，而对应的时间较短，从而导致角速度变化较大。

## 4.3.2　可视化分析

### 1. 速度可视化

驾驶员的纵向驾驶行为快慢表现在车辆的行驶速度上。通过对速度特征的观察，可以看出驾驶场景对纵向驾驶行为的影响差异。将驾驶行为数据按照驾驶场景划分，可以得到不同驾驶场景下的速度分布，速度的概率密度直方图如图 4-13 所示，速度箱形图如图 4-14 所示。

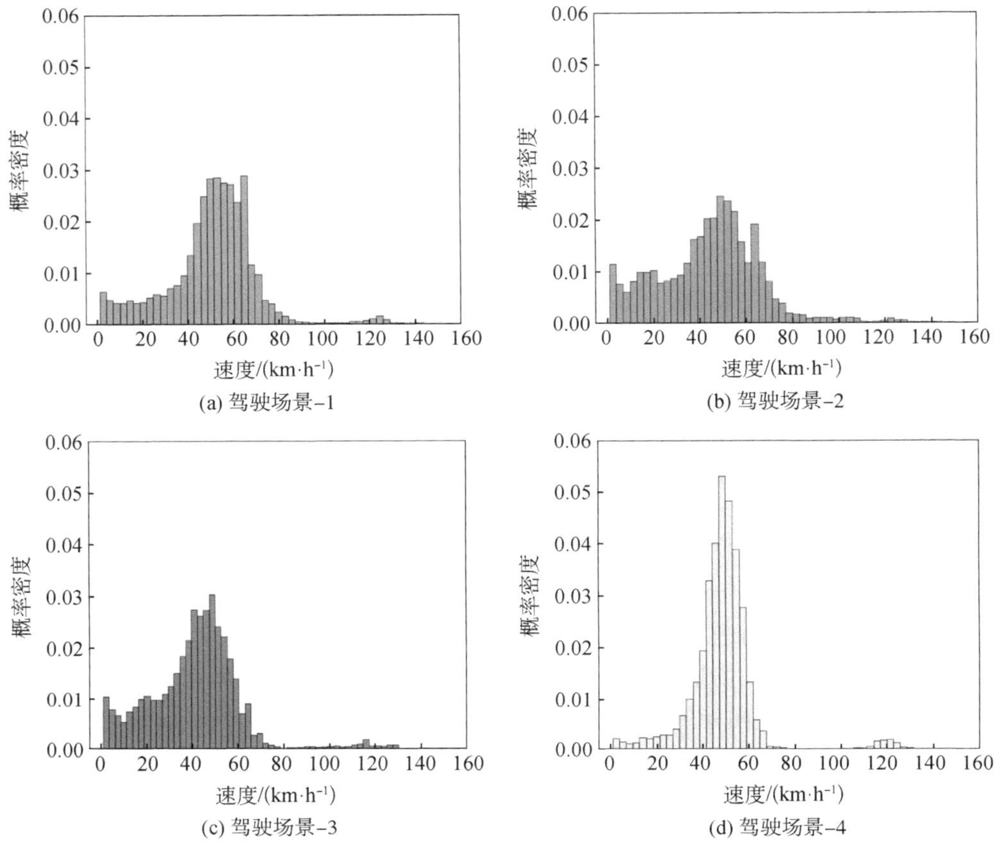


图 4-13　不同驾驶场景下的速度概率密度直方图

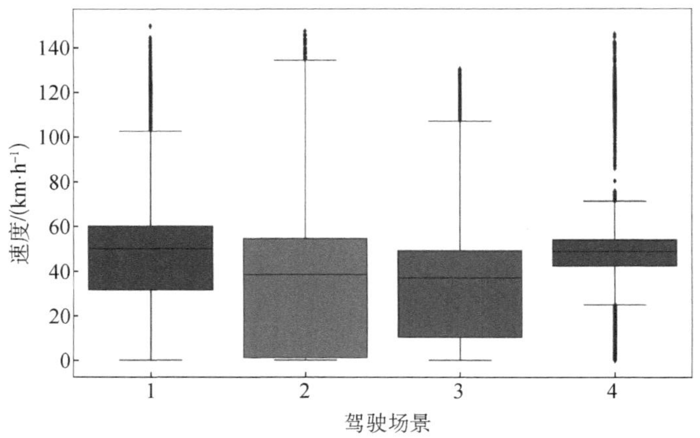


图 4-14　不同驾驶场景下的速度箱形图

根据图 4-13 和图 4-14 可以看出：

（1）驾驶场景-1（直线公路）的速度分布呈现为左偏态、峰度值较低，说明速度数据较多分布在均值（44.298 km/h）左侧，且速度分布较为分散（标准差为 23.921 km/h）。可能由于车辆行驶在直线公路上，行驶速度较快，但周围车辆对其也存在一定的影响，故容易出现速度变化。

（2）驾驶场景-2（曲线公路）的速度分布也呈现为左偏态、峰度值较低，但其速度均值（34.184 km/h）较驾驶场景-1 的低，且速度分布更为分散（标准差为 27.602 km/h），速度值的跨越范围更大。可能由于道路线形为曲线，在公路上行驶需要更加谨慎，故速度均值较低；但易受到道路其他高速行驶车辆的影响，故标准差更大。

（3）驾驶场景-3（直线城市道路）的速度分布也为左偏态、峰度值较低，速度均值最低，为 32.899 km/h，但其速度标准差较低，为 23.958 km/h。可能道路类型为城市道路，行驶速度随道路等级降低而相应降低，导致速度离散水平不大，此时标准差也就不会很大。

（4）驾驶场景-4（曲线城市道路）的速度分布接近正态，峰度值较高，说明其速度较为集中，保持在较为稳定的状态，其平均速度最高，达到了 47.543 km/h，标准差也为四个驾驶场景中最小的。可能由于在曲线城市道路上，路段中的车辆较少，且路中存在绿化隔离带，驾驶员在驾驶过程中能处于放松阶段，速度能稳定在接近限速标准（60 km/h）；同时，行驶过程中周围车辆对本车的影响较小，故标准差也较小。

根据以上分析可以发现：四个驾驶场景在速度分布上存在着一定的差异性，尤其是在曲线城市道路场景下，峰度值显著高于其余场景，且其速度分布接近于正态，其余场景分布为左偏态。

### 2. 偏航角可视化

车辆的偏航角特征代表了驾驶员驾驶车辆的转向行为。通过观察偏航角变化特征，可以看出车辆横向驾驶的稳定性。按照驾驶场景划分，可以得到不同驾驶场景下的偏航角概率密度直方图如图 4-15 所示，偏航角箱形图如图 4-16 所示。

根据图 4-15 和图 4-16 可以看出：

（1）驾驶场景-1（直线公路）的偏航角分布呈现为左偏态，峰度值最高，偏航角均值为－0.084 deg，偏航角分布最为集中（标准差为 0.668 deg）。可能由于车辆行驶在直线公路上，车辆变道行为较少，且速度快，行驶较为稳定，因此偏航角变化不大。

（2）驾驶场景-2（曲线公路）的偏航角分布接近正态，峰度值较高，偏航角均值为 0.053 deg，偏航角分布较为集中（标准差为 0.759 deg）。可能由于道路线形曲率不高，车辆偏航角均值不大；同时公路路段车辆较多，行驶稳定，故偏航角变化不大。

（3）驾驶场景-3（直线城市道路）的偏航角分布为左偏态，峰度值较低，偏航角均值为－0.195 deg，标准差为 0.911 deg。整体分布特征与驾驶场景-1、驾驶场景-2 相似，但其标准差更大。可能在城市道路路况下，驾驶员行驶速度降低，操纵车辆更放松，导致其行驶过程中的横向稳定性变差。

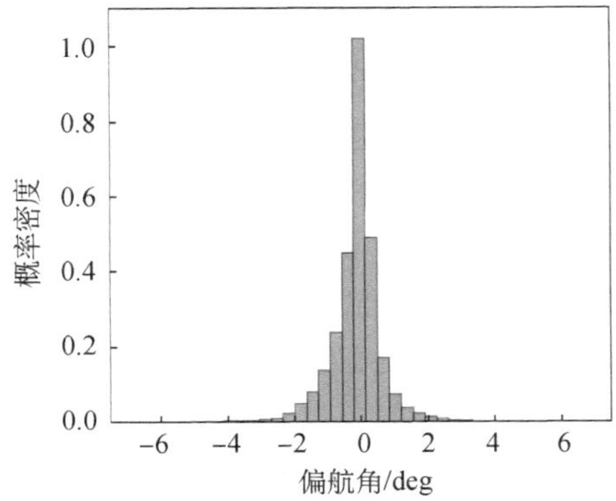

(a) 驾驶场景-1

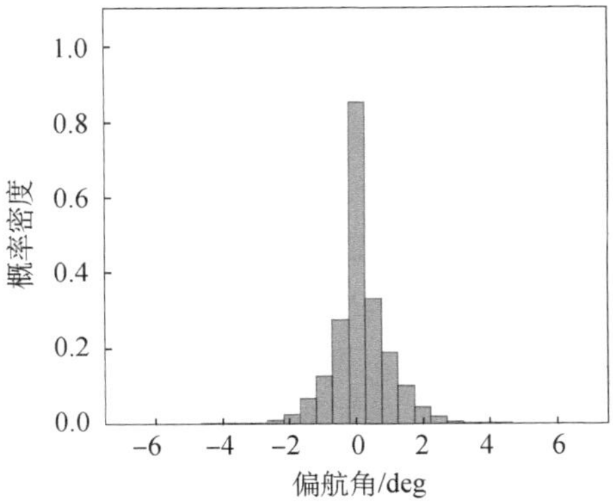

(b) 驾驶场景-2

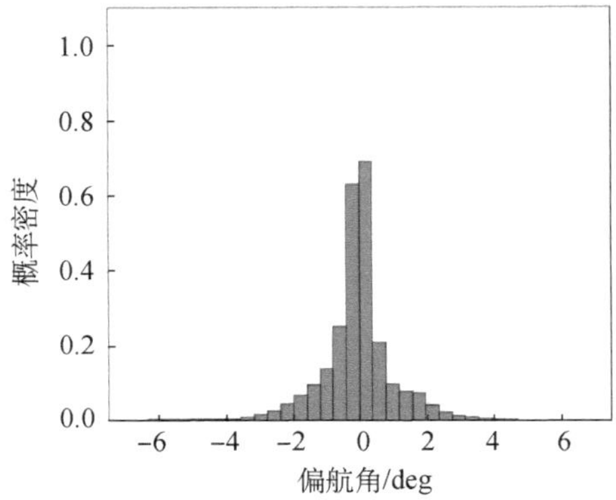

(c) 驾驶场景-3

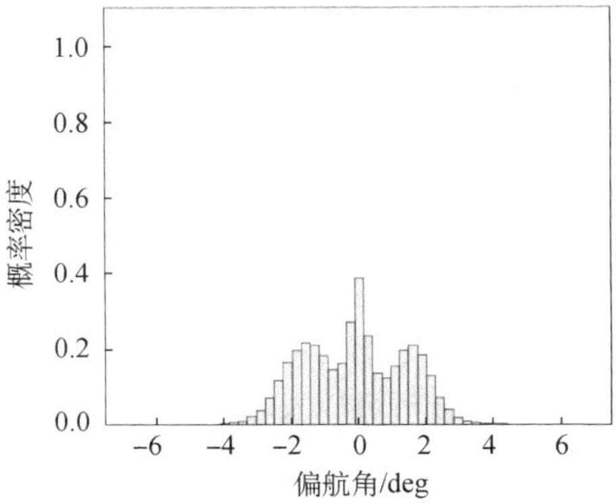

(d) 驾驶场景-4

**图 4-15　不同驾驶场景下的偏航角概率密度直方图**

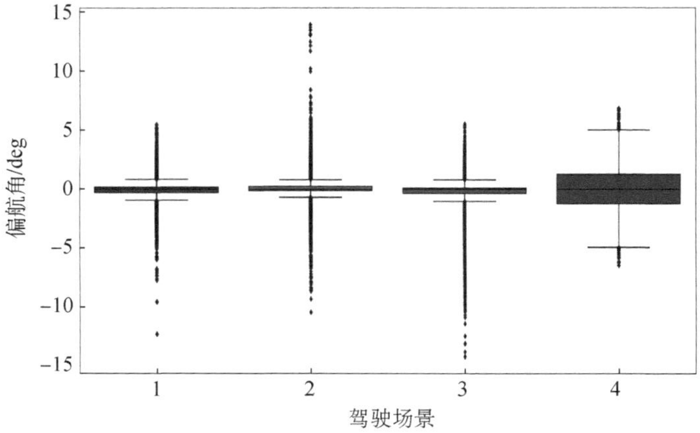


**图 4-16　不同驾驶场景下的偏航角箱形图**

(4) 驾驶场景-4(曲线城市道路)的偏航角分布呈正态,但其分布出现了多峰,标准差高达 1.021 deg。可能在曲线线形的城市道路上,方向盘需跟随道路线形变化而改变,导致偏航角分布较广;同时在该驾驶场景下,行驶速度普遍较高,偏航角出现一定变化后,其需要修正的角度也较大,故呈现出正态、多峰的分布特征。

根据以上分析可以发现:四个驾驶场景在偏航角分布上存在着一定的差异性,直线公路场景下的峰度值较大,曲线城市道路场景下的峰度值显著低于其他场景;且曲线城市道路场景中偏航角呈现多峰分布,其余均为单峰,同时该场景下偏航角离散性较大。

综上所述,通过对比不同驾驶场景下参数的概率密度分布图,可以看出,驾驶场景的不同可能会导致驾驶员的驾驶行为存在差异。其中,曲线城市道路与其他三个驾驶场景在速度、偏航角的分布上存在明显区别。

### 3. t-SNE 可视化

为实现对本研究中高维数据的可视化,利用 t-SNE 算法对十个维度的驾驶行为数据按照驾驶场景不同进行降维。但考虑到各个驾驶行为参数之间存在量纲和取值范围的差异,若直接采用原始数据进行降维,会削弱数值较小的参数(如姿态角、三轴加速度等)的作用。因此,为保证数据的可靠性,需要对数据进行标准化,消除参数量纲和数量级的影响。完成标准化处理后,利用 t-SNE 算法将驾驶行为数据降维为二维,定义两个维度分别为成分 1 和成分 2。根据两个成分可以绘制出 t-SNE 可视化的驾驶行为参数散点图,如图 4-17 所示。其中图 4-17(a)为四个驾驶场景下的驾驶行为参数 t-SNE 可视化图,图 4-17(b)为全体数据的 t-SNE 可视化图。

根据 t-SNE 可视化图可以看出:

(1) 驾驶场景-1(直线公路)与驾驶场景-2(曲线公路)的数据分布存在较强的相似性。两个公路驾驶场景的数据均在可视化图右侧呈现较明显分布,在左侧部分数据分布均较少。但相对于驾驶场景-1,驾驶场景-2 存在较多的外围散点。

(2) 驾驶场景-3(直线城市道路)与驾驶场景-4(曲线城市道路)的数据分布存在一定的相似性。两个城市道路场景的数据在可视化图左上侧分布较多,右侧分布较少。但驾驶场景-4 在可视化图左下侧数据分布较明显,且外围散点较少,而驾驶场景-3 在左下侧数据分布较少。

(3) 驾驶场景-4(曲线城市道路)的数据分布较为集中,且外围散点较少。通过可视化图可以直观地看出该场景的横、纵坐标范围值基本处在[−30, 30]之间,而对比同为曲线线形的驾驶场景-2,其分布范围覆盖的横、纵坐标范围在[−40, 40]之间。同时,其余三个驾驶场景均存在部分外围散点,而曲线城市道路驾驶场景几乎不存在外围散点。

(4) 四个驾驶场景在可视化图中的数据分布分界基本一致。数据分布越多,可视化图颜色越深;数据分布越少,可视化图颜色越浅。通过观察四个驾驶场景下的可视化图,可以看出数据的深浅分布存在一定的界线,而四张图内的界线基本一致。

另外,原始驾驶行为数据经过 t-SNE 降维后的两个成分在不同驾驶场景的均值、方差对比如图 4-18 所示。

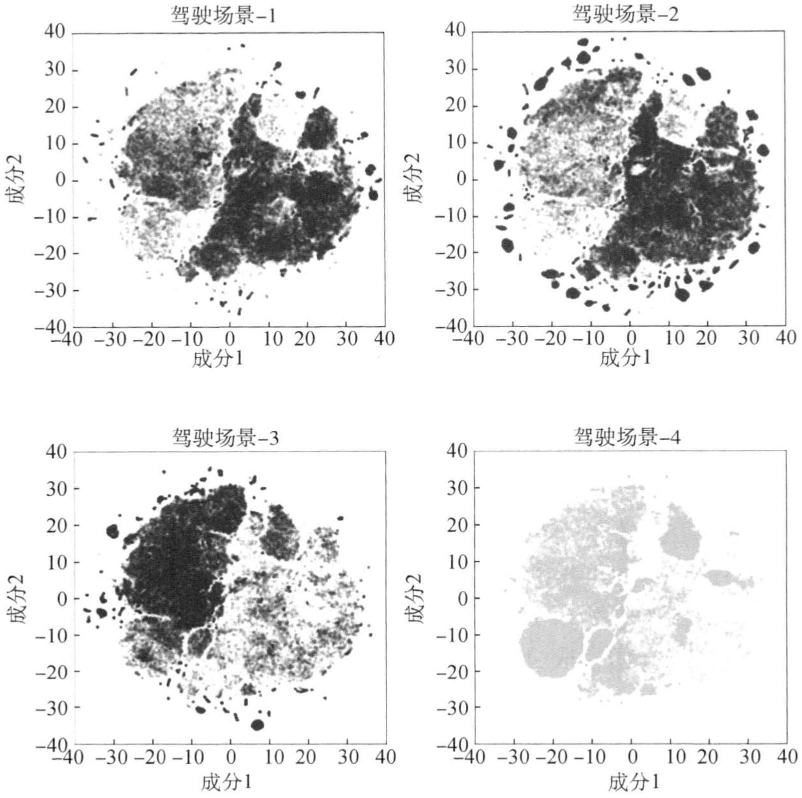


(a) 四个驾驶场景下的t-SNE可视化图

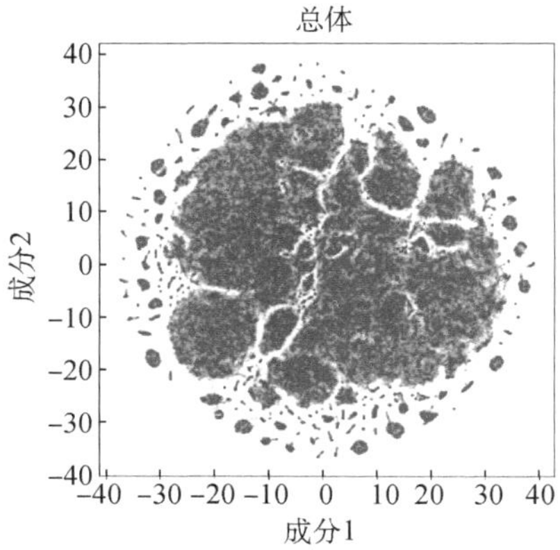


(b) 全体数据的t-SNE可视化图

**图 4-17　驾驶行为参数 t-SNE 可视化图**

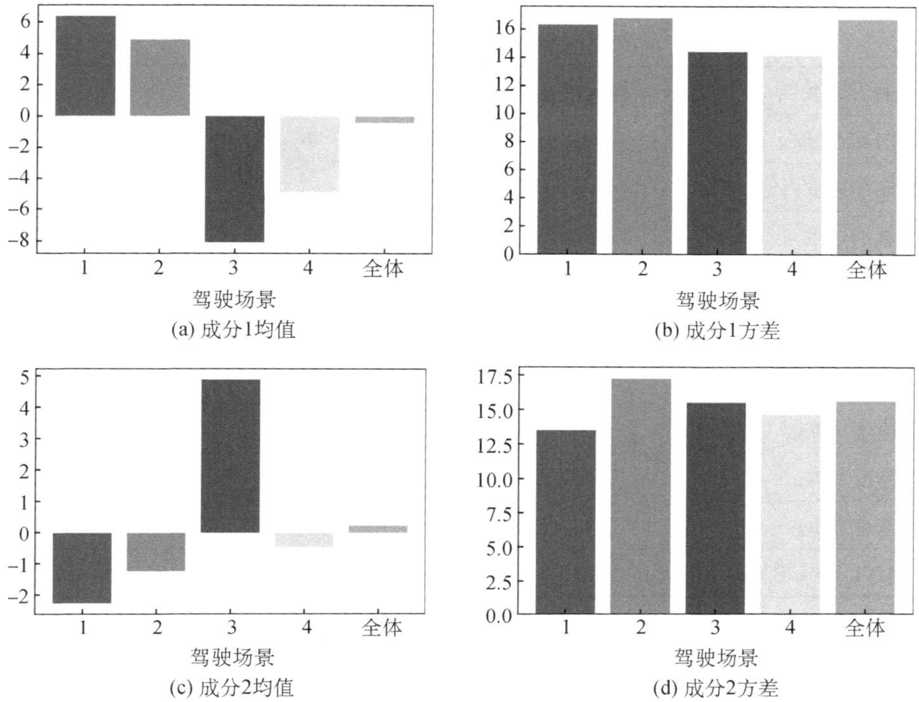


(a) 成分1均值　(b) 成分1方差　(c) 成分2均值　(d) 成分2方差

**图 4-18　不同驾驶场景下 t-SNE 两个成分描述性统计(均值和方差)对比图**

根据不同驾驶场景下两个成分的均值与方差对比图可以看出：

(1) 在成分 1 中，驾驶场景-3(直线城市道路)同其他驾驶场景有较大差别。从成分 1 中的均值对比可以看出，直线城市道路的均值绝对值最大，且成分 1 中该场景的方差较小，表明其分布较其他驾驶场景差异较大。

(2) 在成分 2 中，驾驶场景-3(直线城市道路)依然同其他驾驶场景有较大差别。在成分 2 的均值对比图中，其余三个驾驶场景均值均为负值，而直线城市道路场景下为正值，且其方差同其他驾驶场景相近，表明该场景分布存在明显不同。

综上所述，无论是通过对 t-SNE 可视化图的直观观察，还是对比不同驾驶场景降维后的描述性统计数据，不同驾驶场景之间全体驾驶行为参数的分布存在着明显差异。

## 4.3.3　差异性分析

为了分析驾驶场景因素对驾驶员驾驶行为是否具有显著影响，需要探究不同驾驶场景下的驾驶行为参数的分布是否存在显著差异，故对四个驾驶场景的驾驶行为参数进行 K-W 检验。首先，明确原假设 $H_0$ 与备择假设 $H_1$。以速度参数为例：

$H_0$：四个驾驶场景的速度分布不存在显著差异；

$H_1$：四个驾驶场景的速度分布存在显著差异。

利用 SPSS 软件对数据进行 K-W 检验,得到的结果如表 4-5 所示。

**表 4-5 驾驶场景差异 K-W 检验结果**

| 驾驶行为参数 | 检验统计量 | 自由度 | $p$ 值 |
|---|---|---|---|
| 横向加速度/$g$ | 1 207.977 | 3 | <0.001 |
| 纵向加速度/$g$ | 682.348 | 3 | <0.001 |
| 垂直加速度/$g$ | 228.234 | 3 | <0.001 |
| 翻滚角/deg | 616.389 | 3 | <0.001 |
| 俯仰角/deg | 96.617 | 3 | <0.001 |
| 偏航角/deg | 3 364.263 | 3 | <0.001 |
| 翻滚角速度/(deg·$s^{-1}$) | 624.933 | 3 | <0.001 |
| 俯仰角速度/(deg·$s^{-1}$) | 1 751.914 | 3 | <0.001 |
| 偏航角速度/(deg·$s^{-1}$) | 80 237.147 | 3 | <0.001 |
| 车速/(km·$h^{-1}$) | 26 538.816 | 3 | <0.001 |

从表 4-5 中可以看出,不同驾驶场景下的十个驾驶行为参数的分布不完全相同,这种差异具有统计学意义($p$ 值均小于 0.001)。

由于 K-W 检验仅仅能分析出至少一组样本与整体样本存在差异,故需要通过两两比较来探究两两样本之间的差异。利用社会科学统计软件包(Statistical Package for the Social Sciences, SPSS)实现 Bonferroni 法校正显著性水平的事后两两比较。以速度参数为例,经过两两比较最终得到的结果如图 4-19 所示。

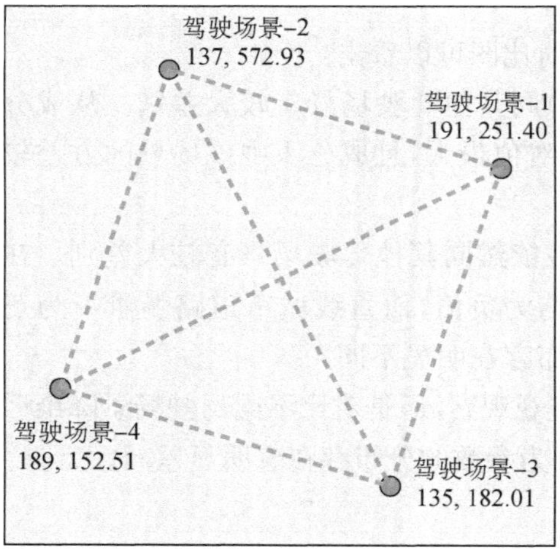


**图 4-19 速度参数驾驶场景两两比较图**

在图 4-19 中,连线代表两两之间的比较结果,虚线表明两组之间差异具有统计学意义,若为实线则表明两组之间的差异不具有统计学意义。圆点附近的数值为该组的平均秩次。速度参数的两两比较统计结果如表 4-6 所示,可以看出 Bonferroni 法调整后的显著性小于 0.05,拒绝原假设,即各驾驶场景两两之间的速度分布均存在显著差异。

**表 4-6 速度参数驾驶场景两两比较统计结果**

| 驾驶场景 vs 驾驶场景 | 检验统计 | 标准误差 | 标准检验统计 | $p$ 值 | 调整后 $p$ 值 |
|---|---|---|---|---|---|
| 1 vs 2 | 53 678.470 | 448.585 | 119.662 | <0.001 | <0.001 |
| 1 vs 3 | 56 069.388 | 487.034 | 115.124 | <0.001 | <0.001 |

（续表）

| 驾驶场景 vs 驾驶场景 | 检验统计 | 标准误差 | 标准检验统计 | $p$ 值 | 调整后 $p$ 值 |
|---|---|---|---|---|---|
| 1 vs 4 | 2 098.891 | 471.091 | 4.455 | <0.001 | <0.001 |
| 2 vs 3 | 2 390.918 | 467.308 | 5.116 | <0.001 | <0.001 |
| 2 vs 4 | −51 579.578 | 450.668 | −114.451 | <0.001 | <0.001 |
| 3 vs 4 | −53 970.497 | 488.953 | −110.380 | <0.001 | <0.001 |

注：1. 每行都检验"样本 1 与样本 2 的分布相同"这个原假设。
2. 显著性水平为 0.05。

为简化各驾驶场景之间两两对比的分析流程，仅对各个参数的显著性水平进行统计描述，结果如表 4-7 所示。

**表 4-7　多重比较检验调整后的显著性水平统计结果**

| 参数 | 场景对比 | | | | | |
|---|---|---|---|---|---|---|
| | **1 vs 2** | **1 vs 3** | **1 vs 4** | **2 vs 3** | **2 vs 4** | **3 vs 4** |
| 横向加速度 | <0.001 | 0.011 | <0.001 | <0.001 | <0.001 | <0.001 |
| 纵向加速度 | <0.001 | <0.001 | <0.001 | <0.001 | <0.001 | <0.001 |
| 垂直加速度 | <0.001 | <0.001 | <0.001 | <0.001 | <0.001 | <0.001 |
| 翻滚角 | <0.001 | <0.001 | <0.001 | <0.001 | <0.001 | 0.003 |
| 俯仰角 | <0.001 | 1.000 | 0.005 | 0.001 | <0.001 | 0.001 |
| 偏航角 | <0.001 | <0.001 | <0.001 | <0.001 | <0.001 | 0.011 |
| 翻滚角速度 | <0.001 | <0.001 | <0.001 | <0.001 | <0.001 | <0.001 |
| 俯仰角速度 | <0.001 | <0.001 | <0.001 | <0.001 | <0.001 | <0.001 |
| 偏航角速度 | <0.001 | <0.001 | <0.001 | <0.001 | <0.001 | <0.001 |
| 车速 | <0.001 | <0.001 | <0.001 | <0.001 | <0.001 | <0.001 |

由两两对比结果可知，俯仰角参数在直线公路和直线城市道路中的差异无统计学意义，可能由于俯仰角参数本身较小，直线公路和直线城市道路场景下其方差也较小，整体波动程度不大，故分布之间差异不明显。其余参数组之间的差异具有统计学意义。

## 4.4　不同个体驾驶行为特征分析

为探究驾驶员是否具有显著区别于其他驾驶员的驾驶特征，采用实车实验方法，在相同道路场景下进行测试，并运用高精度的车载传感器实时获取驾驶行为数据。通过对多名驾驶员的重复实验数据进行对比分析，研究多个体驾驶行为数据间的异同。

## 4.4.1 可视化分析

为呈现驾驶个体行为数据间的差异性，通过车辆传感器获得三轴加速度和三轴角速度信息，结合色彩原理中的三维 RGB 颜色空间，实现基于轨迹的驾驶行为参数可视化。将驾驶行为参数归一化，并映射到范围为[0, 1]的 RGB 颜色空间，如式(4-21)所示。

$$RGB_{t,k} = \frac{h_{t,k} - h_{min_k}}{h_{max_k} - h_{min_k}} \tag{4-21}$$

式中 $RGB_{t,k}$——RGB 空间三维矢量的第 $k$ 个元素，表示第 $t$ 个时间步长的驾驶行为参数；

$h_{t,k}$——驾驶行为参数在第 $t$ 个时间步长的第 $k$ 个元素；

$h_{max_k}$——整个过程中驾驶参数的最大值；

$h_{min_k}$——整个过程中驾驶参数的最小值。

可视化结果

将多名驾驶员的三轴加速度、三轴角速度转换到 RGB 颜色空间，得到的可视化结果分别如图 4-20、图 4-21 所示。从图中可以看出，8 名驾驶员的加速度和角速度数据在颜色上存在明显差异，色彩变化上，加速度相较于角速度变化更为显著。

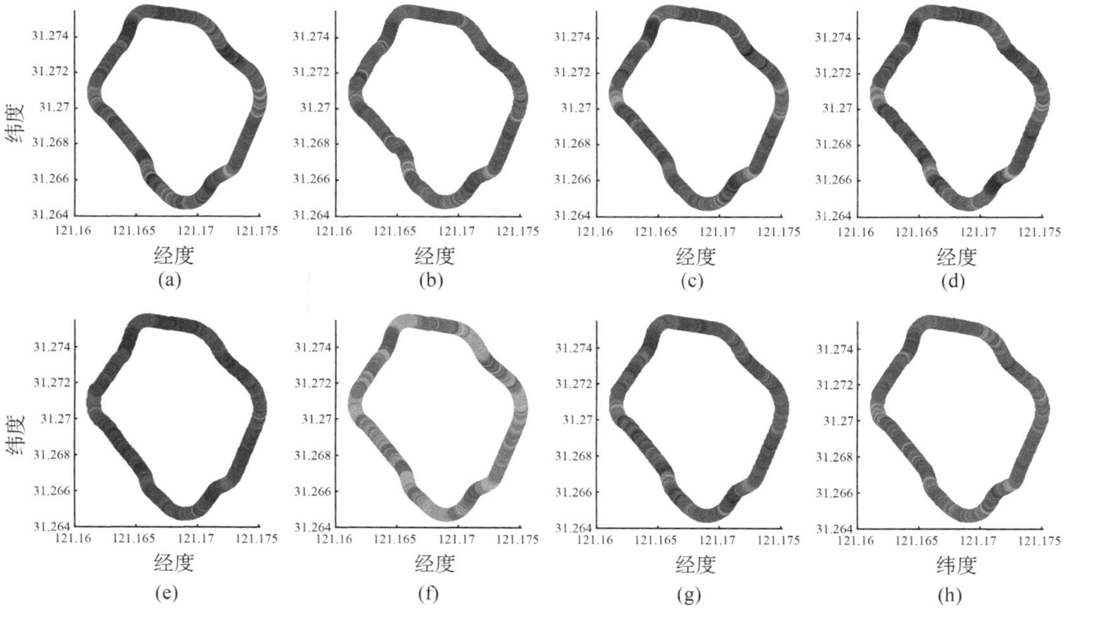


**图 4-20 三轴加速度可视化结果**

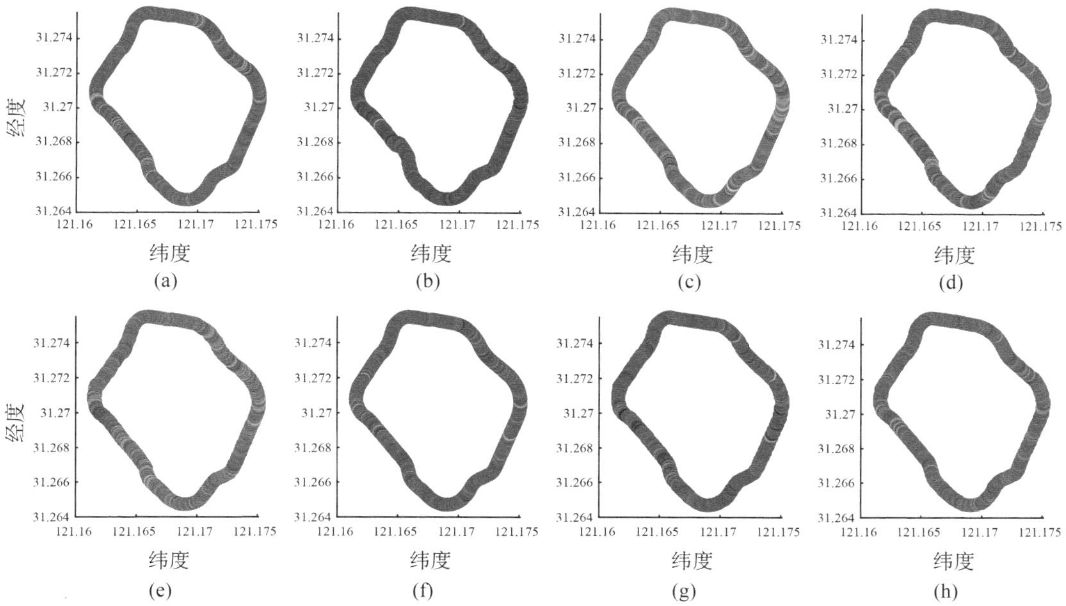


图 4-21　三轴角速度可视化结果

## 4.4.2　差异性分析

根据汽车姿态系统采集的数据，将 8 名不同驾驶员的驾驶数据作为 8 个不同的总体，对其测得的驾驶指标数据进行 K-W 检验，以 $X$ 轴加速度指标为例，提出原假设 $H_0$ 和备择假设 $H_1$。

$H_0$：多个驾驶员的 $X$ 轴加速度的分布不存在显著差异；

$H_1$：多个驾驶员的 $X$ 轴加速度的分布存在显著差异。

利用 SPSS 软件对原假设进行检验，得到 K-W 检验结果和检验统计量，分别如表 4-8 和表 4-9 所示。

表 4-8　驾驶员差异 K-W 检验结果

| 驾驶员 | 秩均值 | | | |
|---|---|---|---|---|
| | ***X* 轴加速度** | ***Y* 轴加速度** | ***X* 轴角速度** | ***Y* 轴角速度** |
| 1 | 4 208.59 | 4 103.11 | 4 674.45 | 4 426.86 |
| 2 | 6 266.58 | 5 459.11 | 5 052.05 | 4 735.57 |
| 3 | 5 218.82 | 5 846.19 | 4 758.45 | 5 061.82 |
| 4 | 5 837.57 | 6 188.54 | 4 741.60 | 5 132.58 |
| 5 | 4 089.32 | 3 710.23 | 4 688.43 | 4 697.78 |
| 6 | 3 959.43 | 4 057.55 | 4 579.18 | 4 744.66 |
| 7 | 3 712.21 | 4 426.54 | 4 832.39 | 4 525.31 |
| 8 | 3 907.06 | 4 064.25 | 4 524.45 | 4 647.50 |

表 4-9　K-W 检验统计量

| | *X* 轴加速度 | *Y* 轴加速度 | *X* 轴角速度 | *Y* 轴角速度 |
|---|---|---|---|---|
| 卡方 | 1 182.835 | 1 030.390 | 32.646 | 61.323 |
| 自由度 | 7 | 7 | 7 | 7 |
| $p$ 值 | <0.001 | <0.001 | <0.001 | <0.001 |

从显著性结果可以看出，各项指标的显著性均小于 0.05，拒绝原假设，因此可以认为不是所有的驾驶员的加速度、角速度的分布均相同。但基本的 K-W 检验只能说明多个总体的分布存在差异，至少有一组样本不同于其他组样本，而不能得出个体间的差异性比较。对个体间的数据进行两两比较。同批样本群组之间的多次统计比较，在计算时可能会导致一类统计风险升高，因此需要考虑调整显著性水准。Bonferroni 法是多重检验中常用的方法，其原理是基于检验次数对显著相关值进行调整，检验次数直接与预测变量的类别数量及测量等级相关，因此可以更好地控制一类错误。经 Bonferroni 法调整后的显著性水平作为两两差异性检验的结果，如表 4-10 和表 4-11 所示。

表 4-10　加速度两两比较结果

| ij | *X* 轴加速度 | | | *Y* 轴加速度 | | |
|---|---|---|---|---|---|---|
| | 标准检验统计量 | 调整后 $p$ 值 | 显著性 | 标准检验统计量 | 调整后 $p$ 值 | 显著性 |
| 12 | −19.395 | 0.000 | 显著 | −12.779 | 0.000 | 显著 |
| 13 | −8.229 | 0.000 | 显著 | −14.198 | 0.000 | 显著 |
| 14 | −14.648 | 0.000 | 显著 | −18.752 | 0.000 | 显著 |
| 15 | 1.101 | 1.000 | 不显著 | 3.626 | 0.008 | 显著 |
| 16 | 2.217 | 0.746 | 不显著 | 0.405 | 1.000 | 不显著 |
| 17 | 4.180 | 0.001 | 显著 | −2.723 | 0.181 | 不显著 |
| 18 | 2.396 | 0.464 | 不显著 | 0.309 | 1.000 | 不显著 |
| 23 | 9.160 | 0.000 | 显著 | −3.384 | 0.020 | 显著 |
| 24 | 4.211 | 0.001 | 显著 | −7.160 | 0.000 | 显著 |
| 25 | 22.050 | 0.000 | 显著 | 17.712 | 0.000 | 显著 |
| 26 | 22.362 | 0.000 | 显著 | 13.584 | 0.000 | 显著 |
| 27 | 23.206 | 0.000 | 显著 | 9.381 | 0.000 | 显著 |
| 28 | 20.050 | 0.000 | 显著 | 11.853 | 0.000 | 显著 |
| 34 | −5.194 | 0.000 | 显著 | −2.874 | 0.114 | 不显著 |
| 35 | 9.699 | 0.000 | 显著 | 18.341 | 0.000 | 显著 |
| 36 | 10.474 | 0.000 | 显著 | 14.876 | 0.000 | 显著 |

（续表）

| ij | X 轴加速度 | | | Y 轴加速度 | | |
|---|---|---|---|---|---|---|
| | 标准检验统计量 | 调整后 $p$ 值 | 显著性 | 标准检验统计量 | 调整后 $p$ 值 | 显著性 |
| 37 | 11.938 | 0.000 | 显著 | 11.249 | 0.000 | 显著 |
| 38 | 9.871 | 0.000 | 显著 | 13.409 | 0.000 | 显著 |
| 45 | 16.777 | 0.000 | 显著 | 23.784 | 0.000 | 显著 |
| 46 | 17.324 | 0.000 | 显著 | 19.656 | 0.000 | 显著 |
| 47 | 18.482 | 0.000 | 显著 | 15.322 | 0.000 | 显著 |
| 48 | 15.785 | 0.000 | 显著 | 17.370 | 0.000 | 显著 |
| 56 | 1.232 | 1.000 | 不显著 | −3.293 | 0.028 | 显著 |
| 57 | 3.360 | 0.220 | 不显著 | −6.383 | 0.000 | 显著 |
| 58 | 1.523 | 1.000 | 不显著 | −2.958 | 0.087 | 不显著 |
| 67 | 2.128 | 0.932 | 不显著 | −3.177 | 0.042 | 显著 |
| 68 | 0.424 | 1.000 | 不显著 | −0.054 | 1.000 | 不显著 |
| 78 | −1.508 | 1.000 | 不显著 | 2.804 | 0.141 | 不显著 |

表 4-11　角速度两两比较结果

| ij | X 轴角速度 | | | Y 轴角速度 | | |
|---|---|---|---|---|---|---|
| | 标准检验统计量 | 调整后 $p$ 值 | 显著性 | 标准检验统计量 | 调整后 $p$ 值 | 显著性 |
| 12 | −3.562 | 0.010 | 显著 | −2.912 | 0.101 | 不显著 |
| 13 | −0.685 | 1.000 | 不显著 | −5.176 | 0.000 | 显著 |
| 14 | −0.604 | 1.000 | 不显著 | −6.351 | 0.000 | 显著 |
| 15 | −0.129 | 1.000 | 不显著 | −2.502 | 0.345 | 不显著 |
| 16 | 0.848 | 1.000 | 不显著 | −2.829 | 0.131 | 不显著 |
| 17 | −1.331 | 1.000 | 不显著 | −0.830 | 1.000 | 不显著 |
| 18 | 1.193 | 1.000 | 不显著 | −1.755 | 1.000 | 不显著 |
| 23 | 2.569 | 0.286 | 不显著 | −2.855 | 0.121 | 不显著 |
| 24 | 3.050 | 0.064 | 不显著 | −3.900 | 0.003 | 显著 |
| 25 | 3.686 | 0.006 | 显著 | 0.383 | 1.000 | 不显著 |
| 26 | 4.587 | 0.000 | 显著 | −0.088 | 1.000 | 不显著 |
| 27 | 1.997 | 1.000 | 不显著 | 1.912 | 1.000 | 不显著 |
| 28 | 4.487 | 0.000 | 显著 | 0.749 | 1.000 | 不显著 |
| 34 | 0.142 | 1.000 | 不显著 | −0.594 | 1.000 | 不显著 |

（续表）

| ij | X 轴角速度 | | | Y 轴角速度 | | |
|---|---|---|---|---|---|---|
| | 标准检验统计量 | 调整后 $p$ 值 | 显著性 | 标准检验统计量 | 调整后 $p$ 值 | 显著性 |
| 35 | 0.602 | 1.000 | 不显著 | 3.128 | 0.049 | 显著 |
| 36 | 1.492 | 1.000 | 不显著 | 2.640 | 0.232 | 不显著 |
| 37 | −0.586 | 1.000 | 不显著 | 4.254 | 0.001 | 显著 |
| 38 | 1.762 | 1.000 | 不显著 | 3.120 | 0.051 | 不显著 |
| 45 | 0.511 | 1.000 | 不显著 | 4.176 | 0.001 | 显著 |
| 46 | 1.499 | 1.000 | 不显著 | 3.581 | 0.010 | 显著 |
| 47 | −0.790 | 1.000 | 不显著 | 5.285 | 0.000 | 显著 |
| 48 | 1.777 | 1.000 | 不显著 | 3.969 | 0.002 | 显著 |
| 56 | 1.037 | 1.000 | 不显著 | −0.445 | 1.000 | 不显著 |
| 57 | −1.284 | 1.000 | 不显著 | 1.538 | 1.000 | 不显著 |
| 58 | 1.371 | 1.000 | 不显著 | 0.420 | 1.000 | 不显著 |
| 67 | −2.182 | 0.815 | 不显著 | 1.890 | 1.000 | 不显著 |
| 68 | 0.444 | 1.000 | 不显著 | 0.788 | 1.000 | 不显著 |
| 78 | 2.385 | 0.478 | 不显著 | −0.946 | 1.000 | 不显著 |

从检验表格可以看出，在 $X$ 轴加速度和 $Y$ 轴加速度的两两比较上，大部分 $p$ 值小于 0.05，说明大部分驾驶员在加速度的控制上存在差异。而在角速度的检验表中，$X$ 轴角速度、$Y$ 轴角速度只在部分驾驶个体间存在差异。

## 参考文献


[1] MAATEN L V D, HINTON G. Visualizing data using t-SNE[J]. Journal of Machine Learning Research, 2008, 9: 2579-2605.

[2] HINTON G E, ROWEIS S T. Stochastic neighbor embedding[C]//Advances in Neural Information Processing Systems, 2003.

[3] KULLBACK S, LEIBLER R A. On information and sufficiency[J]. Annals of Mathematical Statistics. 1951, 22(1): 79-86.

[4] VRBIN C M. Parametric or nonparametric statistical tests: considerations when choosing the most appropriate option for your data[J]. Cytopathology, 2022, 33(6): 663-667.

[5] ARMSTRONG R A. When to use the Bonferroni correction[J]. Ophthalmic and Physiological Optics, 2014, 34(5): 502-508.

[6] 冉启文. 小波变换与分数傅里叶变换理论及应用[M]. 哈尔滨：哈尔滨工业大学出版社，2001.

[7] 方剑委. 基于滤波对角化方法提高傅里叶变换质谱数据质量[D]. 长沙：国防科学技术大学，2013.

[8] 刘娟花. 小波分析在语音去噪中的应用[D]. 西安：西安理工大学，2004.

[9] 胡斌. 小波阈值去噪及其在数字图像相关中的应用研究[D]. 广州：华南理工大学，2011.

[10] 吴安全. 行波管信号小波阈值降噪方法研究[D]. 南京：东南大学，2016.

# 第5章

# 基于人工智能的不良驾驶行为识别与验证

## 5.1 研究现状

新的信息和通信技术正在重新定义汽车行业。自动驾驶汽车和智能网联汽车产生了海量的驾驶行为数据和驾驶环境数据，需要据此对人类驾驶行为展开深入分析。危险驾驶行为是导致交通事故的主要原因[1]。识别个人的驾驶风格和危险驾驶行为可以增强自动驾驶和智能网联汽车从与周围车辆的交互中感知风险的能力，并根据驾驶条件调整驾驶策略，提高道路交通安全。

目前不存在普遍接受的驾驶风格定义。Sagberg 等[2]回顾了对驾驶风格的定义，并总结出驾驶风格代表了一种习惯性的、相对永久的驾驶方式，这种驾驶方式因人而异。驾驶员可以有意识地或下意识地选择驾驶方式。相比之下，Martinez 等[3]指出驾驶风格受外部驾驶条件的影响很大，如交通、道路类型、一天中的时间、天气，因此同一驾驶员可以在不同的驾驶条件下切换驾驶风格。大多数研究中的驾驶风格研究可能是相对持久的，也可能随着外部驾驶条件而变化，这取决于研究人员选择的驾驶风格测量方法。例如，激进驾驶是研究较多的驾驶方式之一，可以通过自我报告问卷和对驾驶行为的观察来衡量。自我报告问卷[4]反映了驾驶员对驾驶方式的自我评价，自我评价总体平稳。从驾驶行为观察中提取的激进驾驶指标包括速度曲线、急刹车、横向控制和尾随[5]。

所测量的驾驶风格可能会受到观察驾驶行为数据时外部驾驶条件的影响。对于许多依赖于从自然驾驶实验、驾驶模拟器和车辆轨迹数据收集的驾驶行为数据的研究而言，忽略外部驾驶条件将难以准确识别驾驶风格。Ericsson[6]发现交通、道路类型和驾驶员的人口统计因素会影响驾驶模式，其中道路类型的影响最为显著。例如，城市道路和高速公路的驾驶模式就有所不同，高速公路供较少受外界干扰的连续交通流通行，而城市道路则包含更多的转弯和交通控制基础设施[7]。Dixit 等[8]发现当路面潮湿时，驾驶员往往表现得更保守，与中午和晚上高峰时段相比，驾驶员在早高峰时段表现得更积极。因此，有必要将外部驾驶条件作为驾驶风格识别和调整驾驶策略以适应特定驾驶条件的场景信息。

本章根据场景信息在模型中的作用将现有的驾驶风格识别模型分为三类。

(1) 场景无关。尽管场景信息对于驾驶风格识别至关重要，但大多数传统的驾驶风格识别模型通常忽略这一点，假设所有观察共享相同的场景信息[9, 10]，这在实际应用中往往是不准确的。

(2) 场景相关。一些模型考虑传感器可以获取某些场景信息。例如，Yi 等[11]提出了一种个性化驾驶状态识别模型，每个驾驶员有两个单独的驾驶状态识别模型，一个用于高速公路，另一个用于二级道路。在预测新样本的驾驶状态之前，应给出驾驶员的身份和道路类型。然而，在实践中收集所有场景信息可能很困难且成本高昂。某些场景信息只能在不确定的情况下进行估计。这个缺点限制了场景相关模型的应用。

(3) 场景感知。场景感知系统可以提取和解释场景信息，对于表征实体的情况很重要，包括人、地点、设备和事物[12]。Bejani 和 Ghatee[13]开发了一种场景感知系统，可以识别场景信息，包括交通水平、汽车类型和驾驶事件，使用基于规则的模糊推理模型评估驾驶风格。Suzdaleva 和 Nagy[14]提出了一个两层指针模型，在内部指针中估计驾驶条件，即城市、乡村和高速公路，而在外部指针中估计驾驶风格。据作者所知，很少有研究使用机器学习建立场景感知驾驶风格识别模型。

除了场景感知，驾驶风格识别的另一个挑战是数据标记。正常样本和危险/攻击性/风险样本可以根据自然驾驶数据中的非法驾驶行为[15]或事故[16]进行分类。主观数据标注方法包括专家评分[13]和驾驶员自评问卷[18]。这些方法不适用于大样本量的车辆轨迹数据。Xue 等[19]使用碰撞替代测量，例如，用碰撞时间（TTC）和碰撞边缘（Margin to Collision，MTC）来标记处于危险跟车状态和正常跟车状态的驾驶员。聚类算法[20]或半监督学习[21,22]是为未标记或部分标记的数据而设计的，但结果通常难以验证。此外，车辆碰撞风险评估也经常使用机器学习算法[23,24]。

（1）本章提出了一种基于追尾碰撞风险和侧面碰撞风险的车辆轨迹数据的危险驾驶员标记方法。

（2）本章分析了三种交通状态下的车辆轨迹数据：自由流、饱和流和拥挤流，并确认它们对驾驶行为和驾驶风险的影响。

（3）本章提出了两个分层的两层场景感知结构，可以识别驾驶风格和场景交通状态。

（4）本章测试了所提出结构的性能，以证明它们优于传统的场景无关机器学习。

## 5.2 数据

本章使用的车辆轨迹数据来自 Highway Drone Dataset（HighD）[25]。HighD 包含使用无人驾驶飞行器（Unmanned Aerial Vehicle，UAV）在德国 6 条高速公路上记录的车辆轨迹数据。通过计算机视觉算法从无人机视频中提取了 110 500 辆车的轨迹。无人机摄像头可以覆盖 420 m 长的高速公路，典型车辆定位误差小于 10 cm。每 0.04 s 检测和跟踪车辆的位置、速度、加速度、变道和跟驰等车辆信息，并使用贝叶斯平滑进行平滑处理。

本章使用的数据包含三个文件，分别记录一个工作日的 8:55、10:12 和 17:21 的 6 车道高速公路上的车辆轨迹。在时长 55 min 46 s 内记录了 7 950 辆车的轨迹。这三个文件的详细信息如表 5-1 所示。

每个文件的交通流状态由其体积、平均速度和密度决定。6 车道高速公路的设计容量为每小时 13 200 辆小客车（PCU）。第一档交通量接近设计容量，因此，交通流状态是饱和的。第二档交通量高于设计容量，密度高于饱和流中的密度，因此，第二个文件的交通流状态是拥挤的。第三档交通量低于设计容量，密度低于饱和流中的密度，因此，第三个文件的交通流状态是自由流动的。

表 5-1　三个数据文件的交通流信息

| 文件编号 | 流动状态 | 开始时间 | 流量/(PCU·$h^{-1}$) | 平均速度/(km·$h^{-1}$) | 密度/(PCU·$km^{-1}$) |
|---|---|---|---|---|---|
| 1 | 饱和流 | 17:21 | 12 472 | 87 | 143 |
| 2 | 拥挤流 | 8:55 | 10 936 | 49 | 223 |
| 3 | 自由流 | 10:12 | 9 263 | 106 | 87 |

## 5.3　建模方法

本节将方法框架总结为如图 5-1 所示的流程图。首先，车辆轨迹数据用于计算每辆车的追尾风险和侧面碰撞风险，并据此将每个驾驶员标记为危险驾驶员或正常驾驶员。碰撞风险评估和危险驾驶员标定将在本书第 5.3.1 节和 5.3.2 节中介绍。

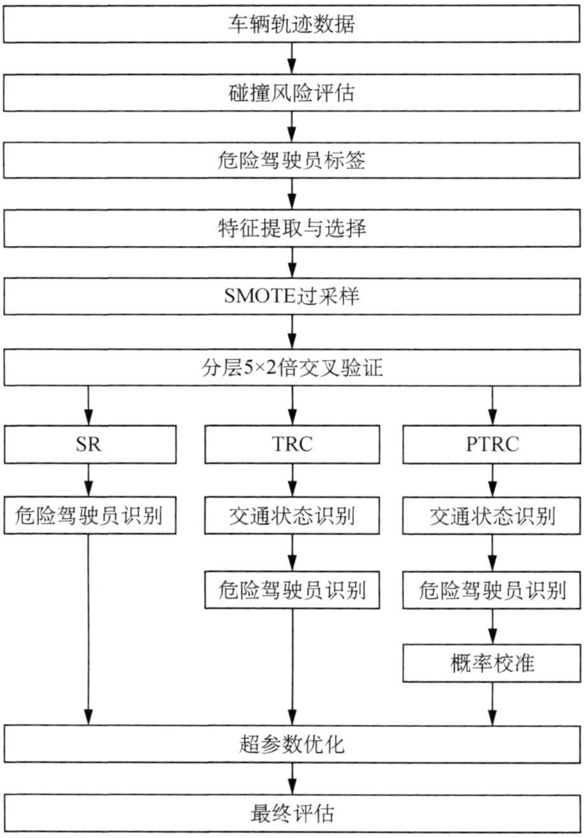


图 5-1　方法论框架

在标记了驾驶风格之后，本节尝试建立一个高风险驾驶员识别模型。第5.3.3节描述了如何从车辆轨迹数据中提取和选择特征。由于危险驾驶员的数量通常远小于正常驾驶员的数量，因此本章应用合成少数过采样技术（Synthetic Minority Oversampling Technique，SMOTE）来缓解不平衡问题。两层危险驾驶员识别结构在第5.3.4节中介绍。没有场景感知的单层风险驾驶员识别是传统的机器学习结构，不考虑场景信息，即本章的交通状态。具有场景感知的两层风险驾驶员识别结构是分层的，包含交通状态识别模型和风险驾驶员识别模型。

## 5.3.1 碰撞风险评估

给定目标车辆和周围车辆的轨迹数据，需要通过整个行驶过程评估目标车辆的碰撞风险。在高风险驾驶员的测量中考虑了追尾碰撞风险和侧面碰撞风险。将目标车辆的运动状态分为跟车、车道偏离和换道，并根据以下规则计算碰撞风险。

跟车：当目标车辆与其前车的车距小于50 m时，评估追尾风险，如图5-2(a)所示。

车道偏离：如果目标车辆与左（或右）车道线的横向距离小于0.5 m，且目标车辆正在向左（或右）车道线移动，则评估目标车辆与左侧（或右侧）车道的相邻车辆之间的碰撞风险，如图5-2(b)所示。如果目标车辆同时处于跟车状态和车道偏离状态，则需要同时评估追尾风险和侧面碰撞风险。

换道：当目标车辆的中心越过车道线时，如图5-2(c)所示，继续评估目标车辆与前车之间以及目标车辆与后车之间的追尾风险，直到目标车辆完成换道。当目标车辆与车道线的距离大于0.5 m时，确定换道完成，如图5-2(d)所示。

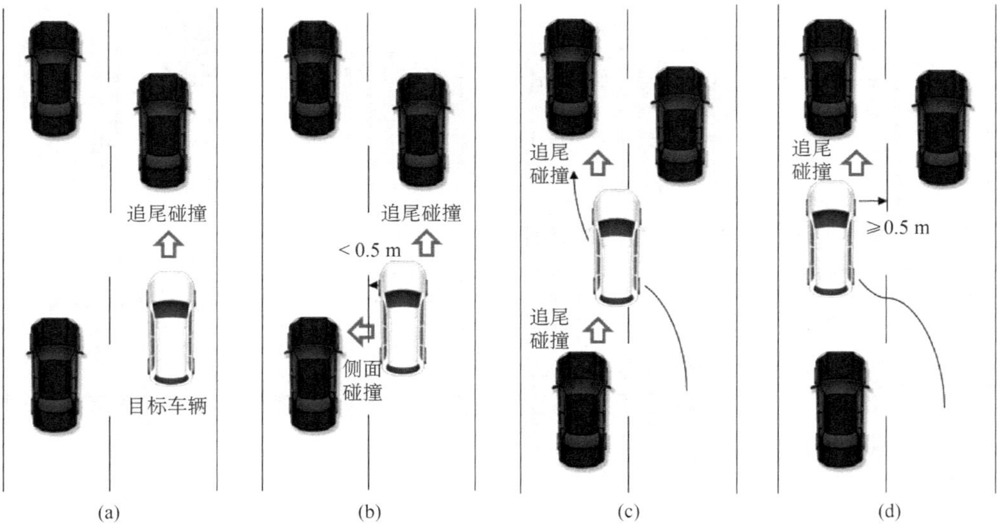


图5-2 碰撞风险评估

（1）追尾风险。

如式(5-1)所示，时间 $t$ 的追尾风险是通过空间距离和停止距离之差(DSS)评估的。

$$DSS(t)=\frac{V_l^2(t)-V_f^2(t)}{2\mu g}+d(t)-\tau V_f(t) \tag{5-1}$$

式中 $V_l$——前车纵向速度；

$V_f$——后车纵向速度；

$\mu$——分数比率，设置为 0.7；

$g$——重力加速度，9.8 m/s$^2$；

$d$——前车和后车之间的纵向间隙；

$\tau$——驾驶员的反应时间。

Green[26]建议，当后面的车辆加速时，将 $\tau$ 设置为 1.5 s；当后车减速或怠速时，将 $\tau$ 设置为 0.7 s。

当 $DSS\geqslant 0$ 时，表示后车有足够的时间减速避免碰撞；当 $DSS<0$ 时，表示后车没有足够的时间对前车突然减速作出反应，从而有碰撞风险。

（2）侧面碰撞风险。

为了评估两辆车之间的侧面碰撞风险，需要计算最靠近相邻车辆的车辆拐角的横向位置（表示为 $y_R$）。平行于车道线的方向为 $x$ 轴，垂直于车道线的方向为 $y$ 轴。车辆的前进方向由其横向速度 $V_y$ 和纵向速度 $V_x$ 决定。$y_R$ 可以通过式(5-2)、式(5-3)、式(5-4)计算：

$$\theta(t)=\arctan\left[\frac{-V_y(t)}{V_x(t)}\right] \tag{5-2}$$

$$y_d(t)=\sqrt{w^2+h^2}\cos\left[\frac{\pi}{2}-\arctan\left(\frac{h}{w}\right)-\theta(t)\right] \tag{5-3}$$

$$y_R(t)=y_c(t)-y_d(t) \tag{5-4}$$

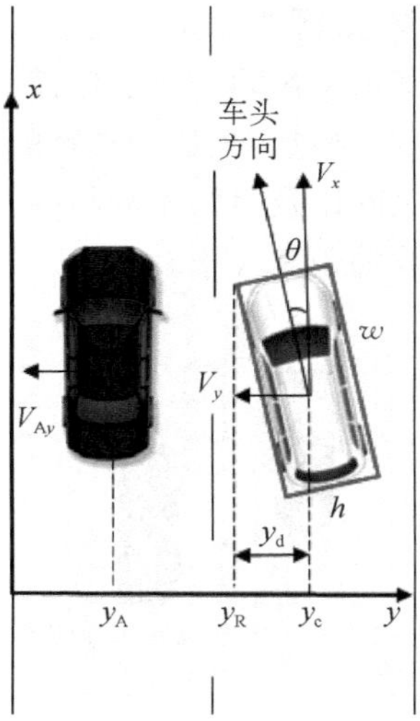


**图 5-3 侧面碰撞风险**

式中 $\theta(t)$——航向方向与 $x$ 轴之间的夹角；

$y_d(t)$——角点到车辆中心的横向距离；

$w$——车辆的长度；

$h$——车辆的宽度；

$y_c(t)$——车辆中心的横向位置。

在图 5-2(b)中，相邻车辆位于目标车辆的左侧。侧面碰撞风险通过等式(5-5)中的碰撞时间(TTC)进行评估。

$$TTC(t)=\frac{V_{Ay}(t)-V_y(t)}{|y_R(t)-y_A(t)|} \tag{5-5}$$

式中 $V_{Ay}$——相邻车辆的横向速度；

$y_A$——相邻车辆中心的横向位置。

如果相邻车辆在右侧，则应使用式(5-6)评估侧面碰撞风险。

$$TTC(t)=\frac{V_y(t)-V_{Ay}(t)}{|y_R(t)-y_A(t)|} \tag{5-6}$$

关于 $TTC$ 的阈值，已有大量研究。本章采用3 s作为侧面碰撞的阈值。

### 5.3.2 危险驾驶员标定

为了建立风险驾驶员识别模型，需要将所有观察到的车辆标记为正常驾驶员或危险驾驶员。标签是根据车辆的整体碰撞风险分配的，并用作机器学习模型训练的基本事实。平均碰撞风险($ACR$)可以衡量目标车辆在整个轨迹上的整体碰撞风险，如式(5-7)所示。

$$ACR=\frac{1}{T}\int_0^T \mathbf{1}\{DSS(t)<0\}+\mathbf{1}\{TTC(t)<3\}\Delta t \tag{5-7}$$

式中 $T$——目标车辆的观测时长；

$\Delta t$——观察的时间间隔；

$\mathbf{1}\{\cdot\}$——指标函数，当 $DSS(t)<0$ 时，$\mathbf{1}\{DSS(t)<0\}=1$；当 $DSS(t)\geqslant 0$ 时，$\mathbf{1}\{DSS(t)<0\}=0$。

风险驾驶员根据ACR进行标记。ACR阈值使用四分位距(IQR)方法确定，如式(5-8)所示。

$$\text{Threshold}=Q_3+1.5(Q_3-Q_1) \tag{5-8}$$

式中，$Q_3$ 和 $Q_1$ 分别是非零ACR分布的上四分位数和下四分位数。IQR方法可以计算各种分布下异常数据的阈值。

### 5.3.3 特征提取和选择

使用离散傅里叶变换(DFT)从车辆的纵向速度、横向速度和间隙中提取特征。DFT将驾驶参数的时间序列转换为频域中的信号幅度，并已被证明是驾驶行为研究中一种有效的特征提取方法[16]。将给定时间序列($x_1$, $x_2$, …, $x_N$)的DFT定义为 $N$ 个复数序列($DFT_0$, $DFT_1$, …, $DFT_{N-1}$)，如式(5-9)所示。

$$DFT_k=\sum_{n=0}^{N-1}x_n\mathrm{e}^{\left(-\frac{2\pi \mathrm{i}}{N}kn\right)} \tag{5-9}$$

式中，i为虚数单位。

纵向速度、横向速度和间隙的均值、标准差、变异系数和20个DFT系数被提取为特征。共有72个特征。

递归特征消除(Recursive Feature Elimination, RFE)[27]是一种特征选择算法。首先，所有72个特征都用于模型训练。其次，特征根据它们对模型性能的贡献进行排名。最后，最不重要的特征被迭代消除，以进一步提高模型的性能。

## 5.3.4 场景感知模型结构

本节提出了两种场景感知结构，并将它们与常用的没有场景感知的风险驾驶员识别结构进行比较。本节讨论的所有场景识别和风险驾驶员识别模型都以从车辆轨迹数据中提取的相同72个特征为输入。所有风险驾驶员识别模型的最终输出是一个0-1指标，显示给定的驾驶员是否是危险驾驶员。

（1）没有场景感知的风险驾驶员识别。

最常用的单层风险驾驶员识别结构（SR）如图5-4所示。该结构很简单，将车辆轨迹数据进行特征提取和选择，输入危险驾驶员识别模型之中，得到预测结果。识别模型通常使用有监督的机器学习算法，如决策树、支持向量机、神经网络和集成学习。给定输入，训练有素的识别模型可以生成驾驶风格的预测。

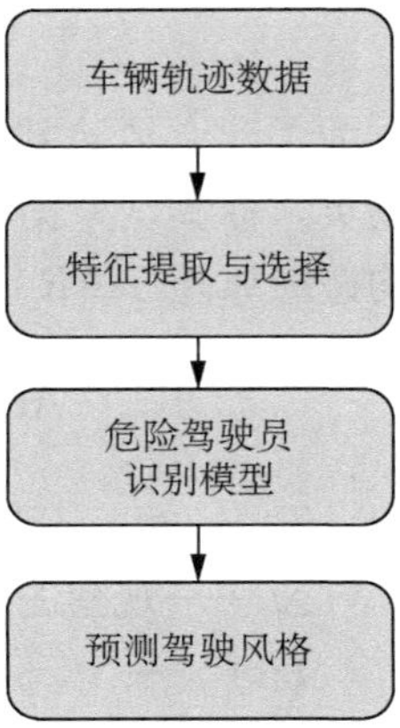


**图5-4 没有场景感知的单层风险驾驶员识别结构（SR）**

在整个过程中，不涉及场景信息（如交通状态）。

（2）具有场景感知的风险驾驶员识别。

第一个提出的双层场景感知结构如图5-5所示。具有场景感知（TRC）的两层模型包括 $K+1$ 个识别模型，其中 $K$ 是场景类别的数量。图5-5考虑了三种场景类别：自由交通流、饱和交通流和拥挤交通流。因此，本节有一个场景识别模型和三个风险驾驶员识别模型（对应每个场景）。

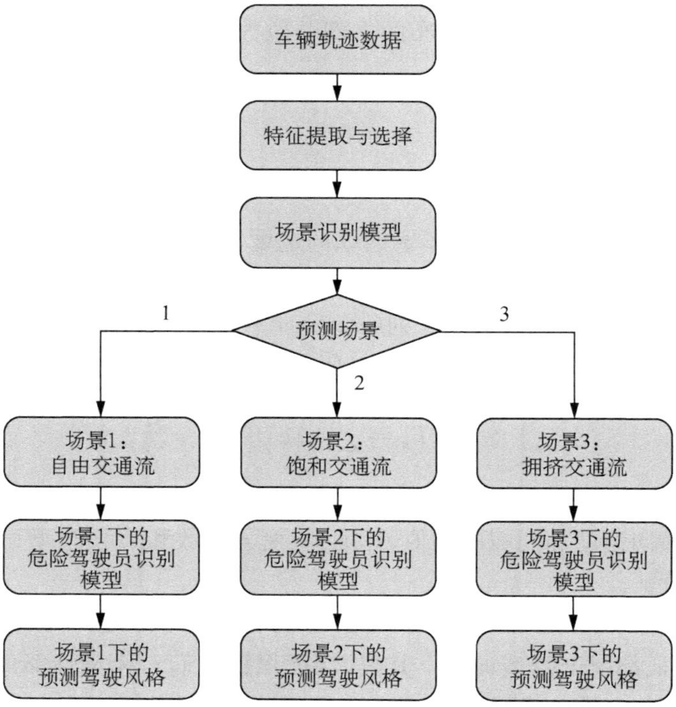


**图5-5 具有场景感知的两层风险驾驶员识别结构（TRC）**

输入特征首先用于识别目标车辆所处的场景(本节中为交通流状态),然后将输入特征传递到相应的专用模型中,以根据预测的场景类别识别危险驾驶员。例如,如果给定车辆的场景被识别为拥挤交通流,则选择拥挤交通流下的风险驾驶员识别模型来预测驾驶员的驾驶风险。

(3) 具有场景意识的基于概率的风险驾驶员识别。

第二个提出的双层场景感知结构如图 5-6 所示,即基于概率的两层风险驾驶员与场景感知(PTRC)。和 TRC 一样,PTRC 有 $K+1$ 个识别模型。然而,$K+1$ 个识别模型不是输出预测标签,而是为每个标签生成预测概率。基于概率的双层风险驾驶员识别模型可以用式(5-10)表示。

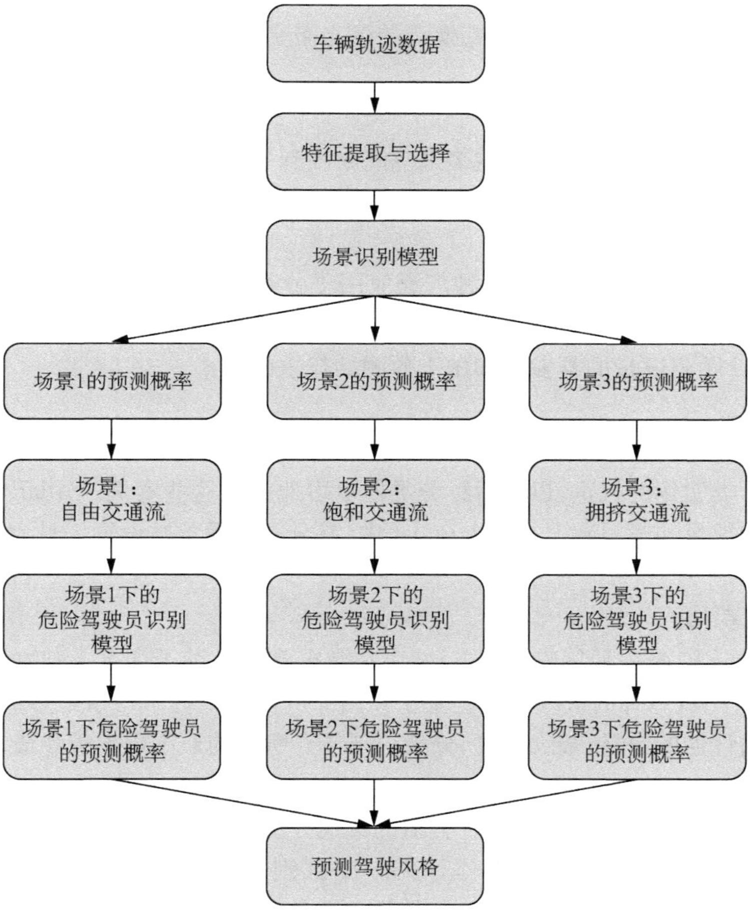


图 5-6 具有场景感知的基于概率的两层风险驾驶员识别结构(PTRC)

$$\hat{p}(y_1)=\hat{p}(y_1 \mid c_1)\hat{p}(c_1)+\hat{p}(y_1 \mid c_2)\hat{p}(c_2)+\hat{p}(y_1 \mid c_3)\hat{p}(c_3) \tag{5-10}$$

式中 $\hat{p}(y_1)$ ——给定输入的风险驾驶员的预测概率;

$\hat{p}(c_1)$ ——场景识别模型报告的场景 1 的预测概率;

$\hat{p}(c_2)$ ——场景识别模型报告的场景 2 的预测概率；

$\hat{p}(c_3)$ ——场景识别模型报告的场景 3 的预测概率；

$\hat{p}(y_1 \mid c_1)$ ——风险驾驶员的预测概率，由场景 1 下的风险驾驶员识别模型报告；

$\hat{p}(y_1 \mid c_2)$ ——风险驾驶员的预测概率，由场景 2 下的风险驾驶员识别模型报告；

$\hat{p}(y_1 \mid c_3)$ ——风险驾驶员的预测概率，由场景 2 下的风险驾驶员识别模型报告。

如果 $\hat{p}(y_1) > 0.5$，那么给定输入的预测驾驶风格是有风险的；否则，预测的驾驶风格是正常的。

### 5.3.5 分类器

场景识别模型和危险驾驶员识别模型的建立需要机器学习分类算法。分类器候选描述如下。

(1) 支持向量机。

支持向量机(SVM)算法[28]是在多维空间中找到一个超平面，以最大间隔对数据点进行明确分类。SVM 的超参数是 C 参数和 gamma。

(2) K-最近邻。

K-最近邻(KNN)算法[29]是一种广泛应用于分类问题的非参数监督机器学习方法。一个实例被分配到它的 $k$ 个最近邻居中最常见的类。KNN 具有三个重要的超参数：邻居数、Minkowski 距离度量的幂参数和用于预测的权重函数。

(3) AdaBoost。

AdaBoost[30]是 Adaptive Boosting 的缩写，它是在原始数据集上拟合一个分类器，然后增加错误分类实例的权重，以便后续分类器更多地关注这些实例。AdaBoost 的超参数包括估计器的数量和学习率。在 AdaBoost 中，基分类器通常被设置为最大深度为 1 的决策树。

(4) 随机森林。

随机森林(RF)是一种集成学习方法，由在数据集的各种子样本上独立训练的多个决策树组成[31]。随机森林的最终预测是基于其内部所有决策树中得票最多的类别。RF 的超参数包括估计器的数量、最大深度、分裂内部节点所需的最小样本数和最大特征等。

(5) Extra-trees。

Extra-trees[32]和随机森林是两种类似的集成方法。一个区别是随机森林使用引导副本，而 Extra-trees 使用整个原始样本。另一个区别是以 RF 为节点选择最佳分裂，而 Extra-trees 随机选择分裂。Extra-trees 的超参数包括估计器的数量、最大深度、分裂内部节点所需的最小样本数和最大特征等。

(6) XGBoost。

XGBoost，是 eXtreme Gradient Boosting 的缩写，是一款基于梯度树提升的软件，具有性能优越、训练时间快、界面简单易用的特点[33]。XGBoost 的超参数包括估计器的数量、学习率、最大深度和子样本比率等。

本节使用 HyperOpt 在每个分类器的训练中应用超参数调整。HyperOpt[34] 是一个用于超参数调整的开源 Python 库。它允许通过 TPE(Tree-structured Parzen Estimator Approach)自动搜索上述超参数的最佳值。它比手动搜索和网格搜索更强大,因为与手动调整和网格搜索相比,它在速度、稳定性和准确性方面具有优势。

### 5.3.6 概率校准

上节列出的所有分类器都可以用每个类的概率分数来预测类。概率分数是 PTRC 结构所必需的。然而,这些概率分数通常有偏差,原因有两个:一方面,SVM 和提升树在训练时没有使用概率框架,因此其乘积有偏差的概率[35];另一方面,不平衡的数据和采样会影响多数和少数类实例的预测概率[36]。

有两种常见的概率校准方法:Platt scaling[37] 和 Isotonic 回归[38, 39]。Platt scaling 训练逻辑回归以将原始分类器的输出映射到真实类别概率。Isotonic 回归是一种非参数方法,适用于分段常数非递减函数,其中预测概率在 bin 上单调递增。由于 Isotonic 回归在校准数据样本量较小时可能存在过拟合问题,因此本章采用 Platt scaling 作为概率校准的方法。

### 5.3.7 交叉验证和评估

本节使用精确率、召回率、F1 分数和 Precision-Recall Curve (AUPRC)下的面积来评估识别模型的性能。

精确率定义如式(5-11)所示。

$$\text{Precision} = TP/(TP + FP) \tag{5-11}$$

式中　$TP$——正确识别的风险驾驶员的数量;

$FP$——正常驾驶员被错误识别为风险驾驶员的数量。

召回率定义如式(5-12)所示。

$$\text{Recall} = TP/(TP + FN) \tag{5-12}$$

式中,$FN$ 为被错误识别为正常驾驶员的风险驾驶员的数量。

如式(5-13)所示,F1 分数是精确率和召回率的调和平均值。高 F1 分数代表着精确率和召回率的高值。

$$\text{F1} = 2\,\frac{\text{Precision} \times \text{Recall}}{\text{Precision} + \text{Recall}} \tag{5-13}$$

精确率-召回率曲线是不同概率阈值下的精确率和召回率图。当数据集不平衡时,精确召回曲线下的面积(AUPRC)比接收器操作特性曲线下的面积(AUROC)更适合测量模型的性能[40]。

机器学习算法通常使用 $K$ 折交叉验证进行评估，并直接比较它们的评估指标，如平均准确度分数。统计显著性测试旨在测试评估指标之间的差异是否具有统计显著性或统计侥幸的结果。在对两种算法的性能进行统计显著性测试时，其零假设（null hypothesis）认为两个算法的度量分数（比如 AUPRC 或 F1 分数）来自相同的分布。如果拒绝此假设，则表明度量分数的差异具有统计显著性。否则，两种算法的性能在统计上是相等的。

$K$ 折交叉验证配对学生 $t$ 检验是机器学习算法比较中最常用的统计检验。然而，测试中 $t$ 统计量的计算具有误导性，因为每个样本中的度量分数不是独立的[41]。在 $K$ 折交叉验证中，给定的观察将在训练数据集中使用 $K-1$ 次。这意味着估计的度量分数是相关的。

Dietterich[41]推荐了一种称为 5×2 折交叉验证的重采样方法，该方法涉及 2 折交叉验证的 5 次重复。双重交叉验证可以确保每个观察只在训练或测试数据集中出现一次。对结果使用配对学生 $t$ 检验，如式(5-14)所示。

$$t=\frac{\mu}{\sqrt{\frac{1}{5}\sum_{i=1}^{5}\left[(\Delta_i^{(1)}-\mu)^2+(\Delta_i^{(2)}-\mu)^2\right]}} \tag{5-14}$$

式中 $\Delta_i^{(1)}$ ——第 $i$ 次 2 折交叉验证的第 1 折两种算法的得分差；

$\Delta_i^{(2)}$ ——第 $i$ 次 2 折交叉验证的第 2 折两种算法的得分差；

$\mu=\frac{\Delta_1^{(1)}+\Delta_1^{(2)}}{2}$ ——第一个 2 折交叉验证的得分差异的平均值。

在两个算法统计上相等的原假设下，假设 $t$ 遵循具有 5 个自由度的学生 $t$ 分布。如果 $t$ 保持足够接近 0，则满足零假设。在 95%的置信水平下，阈值为 2.571。本节使用 5×2 交叉验证来比较算法的性能。

本节使用分层的 5×2 折交叉验证来评估分类算法的性能。使用平均 AUPRC、F1 分数、准确率和召回率来比较模型的性能。为了找到每个分类器的最佳超参数，本节迭代超参数优化算法 500 次。能够达到最高平均 AUPRC 的超参数值就是最优超参数。

## 5.4 结果

计算平台是一台配备 AMD Ryzen 7 8 核 CPU 的笔记本电脑。碰撞风险、危险驾驶员标签和驾驶行为参数的分析在 Matlab 2018b 上完成。所有机器学习工作都是使用 Python 和受支持的库完成的，包括 Pandas、NumPy、XGBoost、imblearn、HyperOpt 和 Scikit-learn。

首先，本章分析第 5.3.2 节中的标记结果；其次，本章比较了三种交通状态下的驾驶参数，并证明识别交通状态的必要性。

### 5.4.1 碰撞风险和危险的驾驶员

使用第 4.3.1 节中介绍的方法，计算驾驶员的 ACR 并绘制图 5-7～图 5-9 中的分布。只有满足以下规则的样本才会保留在数据中。

（1）车辆类型为私家车。

（2）车辆跟车状态的总持续时间大于 10 s。

如图 5-7 所示，在自由流动中，超过 50% 的驾驶员的 ACR 为 0 或接近 0，表明他们在安全状态下驾驶；20% 的驾驶员的 ACR 介于 1.25～2.5 s 之间；大约 10% 的驾驶员的 ACR 大于 5 s。

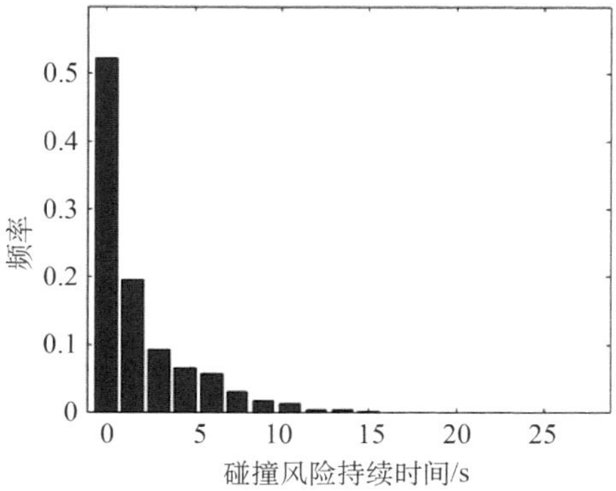


图 5-7 自由流动中的 ACR 分布

如图 5-8 所示，在饱和流中，22% 的驾驶员的 ACR 为 0 或接近于 0，而 ACR 介于 1.25～2.5 s 之间的驾驶员的百分比上升到 31%；大约 25% 的驾驶员的 ACR 大于 5 s。

如图 5-9 所示，在拥堵流中，22% 的驾驶员的 ACR 为 0 或接近 0，而 ACR 介于 1.25～2.5 s 之间的驾驶员比例上升至 45%；大约 20% 的驾驶员的 ACR 大于 5 s。

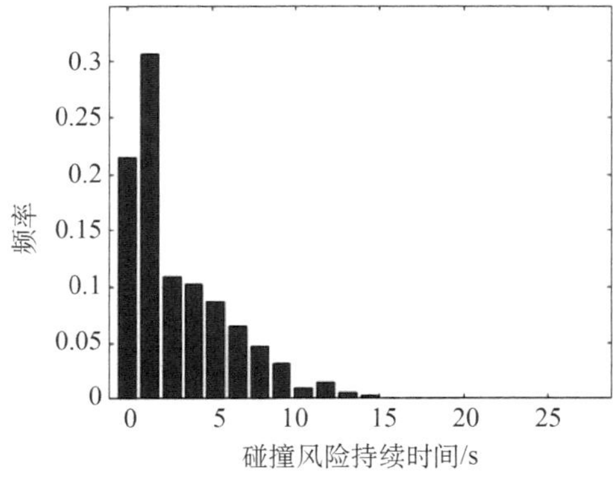


图 5-8 饱和流中的 ACR 分布

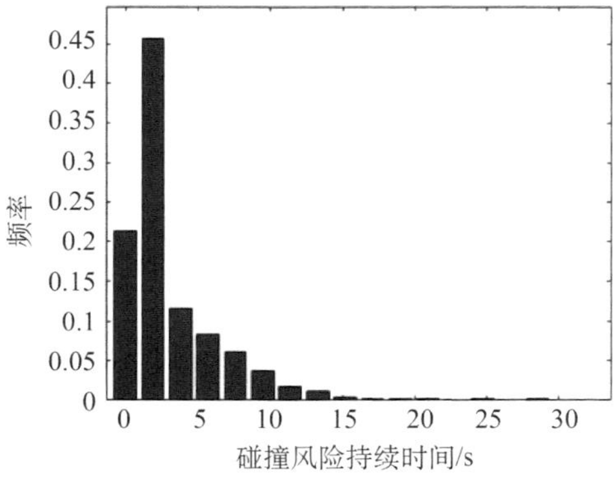


图 5-9 拥挤流中的 ACR 分布

尽管在不同的交通状态下 ACR 的分布有所不同，但本节希望确定所有交通状态的通用标准，以便标记有风险的驾驶员。基于在第 4.3.2 节中介绍的 IQR 方法，本节计算了所有 ACR 的上下四分位数，并发现 ACR＝0.5 可以作为三种交通状态的通用风险驾驶员阈值。ACR＞0.5 的驾驶员被标记为高风险的驾驶员。标记后的数据信息见表 5-2。自由流中有 99 个高风险驾驶员，饱和流中有 155 个高风险驾驶员，拥挤流中有 86 个高风险驾驶员。饱和流中高风险驾驶员的比例最高，但数据仍然高度不平衡，不平衡比例为

10.1∶1。自由流的不平衡比例为14.4∶1。

本节发现，由于拥堵，驾驶员在拥堵的交通中往往会更安全地驾驶。例如，每辆车的平均换道次数随着交通量的增加而减少。在三种交通状态中，拥挤的交通中危险驾驶员的百分比是最低的。

**表5-2　三个数据文件的驾驶风格信息**

| 流动状态 | 样本量 | 正常驾驶员人数 | 高风险驾驶员人数 | 比例 | 平均换道次数 |
|---|---|---|---|---|---|
| 自由流 | 1 529 | 1 430 | 99 | 14.4∶1 | 0.12 |
| 饱和流 | 1 720 | 1 565 | 155 | 10.1∶1 | 0.08 |
| 拥挤流 | 2 004 | 1 918 | 86 | 22.3∶1 | 0.05 |

## 5.4.2　三种交通状态的驾驶行为参数

上一节分析了三种交通状态的驾驶风险差异。本节比较个人在三种交通状态下的四种驾驶行为参数的分布。个人的驾驶行为参数包括每辆车的纵向速度、横向速度、纵向加速度和纵向减速度。

### 1. 纵向速度

不出所料，自由流比拥挤流与饱和流具有相对较高的平均纵向速度，如图5-10所示。值得注意的是，很多自由流中的驾驶员的平均纵向速度高于限速，即33.33 m/s（120 km/h）。在拥堵流中，超过56%的驾驶员的平均纵向速度低于25 m/s。饱和流中平均纵向速度的分布介于自由流和拥挤流之间。

自由流具有最低的纵向速度波动。如图5-11所示，大约38%的自由流中的驾驶员的纵向速度波动接近于0。饱和流的波动高于自由流，而拥挤流的波动最大。

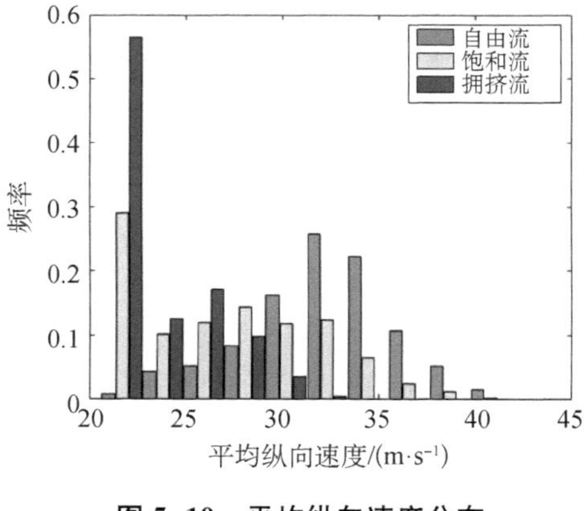


**图5-10　平均纵向速度分布**

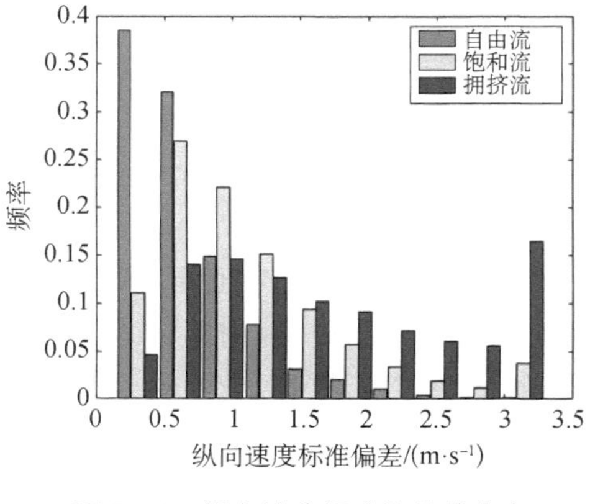


**图5-11　纵向速度标准偏差的分布**

### 2. 横向速度

由于拥堵和较少的车道变更，拥堵流中超过 90% 的驾驶员的平均横向速度接近于零，而在饱和流和自由流中的这一百分比分别约为 80% 和 65%，如图 5-12 所示。

虽然拥挤流中的驾驶员纵向速度波动最大，但与自由流及饱和流中的驾驶员相比，它们的横向速度更稳定。自由流和饱和流中横向速度的标准偏差分布相似，如图 5-13 所示。

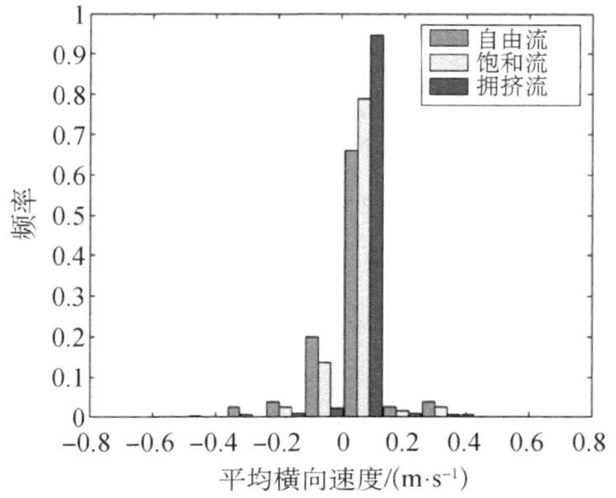


图 5-12　平均横向速度的分布

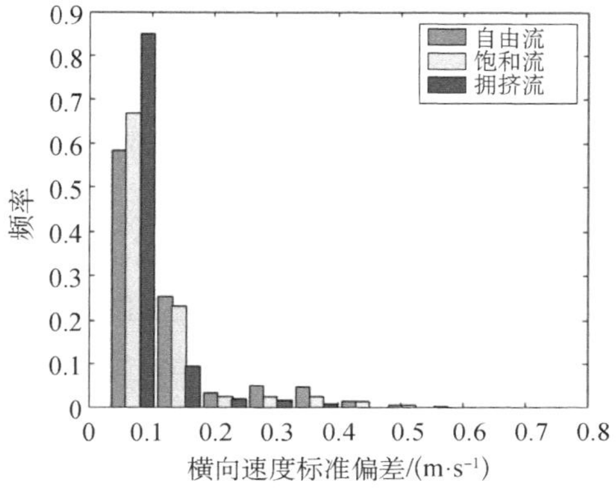


图 5-13　横向速度标准偏差的分布

### 3. 纵向加减速

由于驾驶员在自由流中的纵向速度比在饱和流和拥挤流中更稳定，因此他们的平均纵向加速度和减速度分布更集中在零附近，如图 5-14 和图 5-15 所示。相比之下，拥挤流中平均纵向加速度和减速度的分布更加多样化。

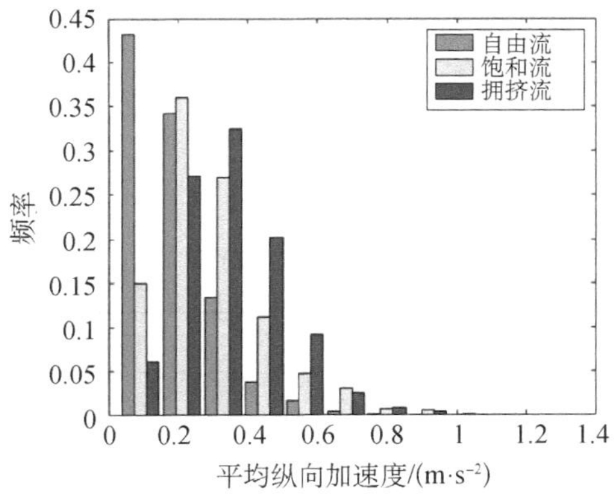


图 5-14　平均纵向加速度的分布

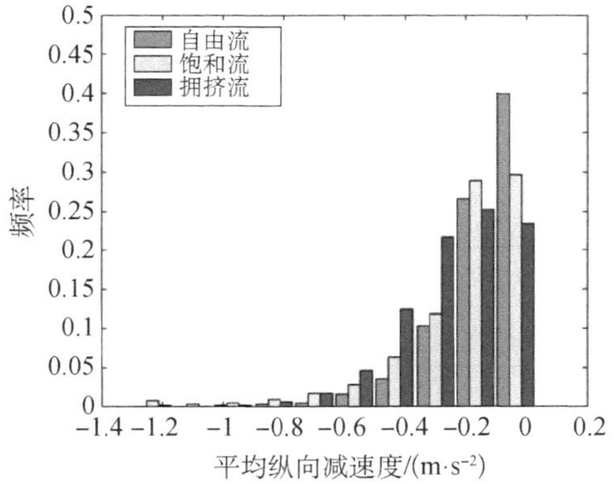


图 5-15　平均纵向减速度分布

综上所述，本章发现拥堵的交通流中驾驶员的纵向速度、加速度和减速度表现出更高的不稳定性。同时，如表 5-2 所示，拥挤流中危险驾驶员的百分比却低于其他两种流状态。速度不稳定和突然加速/减速是危险驾驶的指标,这是常识。这种矛盾意味着,在比较驾驶员时,不应直接根据不同交通状态下的驾驶参数而应首先确定交通状况,然后将同一场景(交通状况)下的驾驶者进行比较,以识别危险驾驶者。

### 5.4.3 模型结果

本节旨在测试三种风险驾驶员识别结构的性能:SR、TRC 和 PTRC。SR 是传统结构,TRC 和 PTRC 是本章提出的结构。SR 只有一种识别模型,即风险驾驶员识别模型(结果见表 5-3)。而 TRC 和 PTRC 有四种识别模型:一种场景识别模型(结果见表 5-4)以及针对每种交通状态的三种危险驾驶员识别模型(结果见表 5-5～表 5-7)。

对于每个模型,本章比较了 6 个分类器的性能:SVM、KNN、AdaBoost、RF、Extra tree 和 XGBoost。表 5-3 显示 XGBoost 是 SR 结构中风险驾驶员识别模型的最佳分类器,AUPRC 最高达到 0.781,F1 最高达到 0.730。SVM 和 KNN 分类器远差于集成学习算法(包括 AdaBoost、RF、Extra tree 和 XGBoost)。

表 5-3　无场景识别的风险驾驶识别模型的性能

| 分类器 | AUPRC | 精确率 | 召回率 | F1 |
|---|---|---|---|---|
| 支持向量机 | 0.519 | 0.058 | 0.900 | 0.109 |
| KNN | 0.459 | 0.327 | 0.726 | 0.443 |
| AdaBoost | 0.703 | 0.678 | 0.694 | 0.671 |
| RF | 0.728 | 0.708 | 0.700 | 0.693 |
| Extra tree | 0.733 | 0.776 | 0.632 | 0.682 |
| XGBoost | 0.781 | 0.763 | 0.715 | 0.730 |

对于交通状态识别模型,XGBoost 是最佳选择。如表 5-4 所示,XGBoost 在所有分类器中具有最高的 AUPRC(0.804)、最高的精确度(0.805)、最高的召回率(0.804),以及最高的 F1(0.804)。排第二的分类器是 RF,具有第二高的 AUPRC、精确度、召回率和 F1。

表 5-4　交通状态识别模型的性能

| 分类器 | AUPRC | 精确率 | 召回率 | F1 |
|---|---|---|---|---|
| 支持向量机 | 0.401 | 0.202 | 0.401 | 0.246 |
| KNN | 0.554 | 0.595 | 0.554 | 0.561 |
| AdaBoost | 0.714 | 0.726 | 0.714 | 0.717 |
| RF | 0.778 | 0.780 | 0.778 | 0.779 |
| Extra tree | 0.717 | 0.729 | 0.717 | 0.721 |
| XGBoost | 0.804 | 0.805 | 0.804 | 0.804 |

对于每个交通状态下的风险驾驶员识别模型，XGBoost 仍然是最好的分类器。如表 5-5～表 5-7 所示，XGBoost 的 AUPRC 在自由流中为 0.764，在饱和流中为 0.802，在拥挤流中为 0.756；XGBoost 的 F1 在自由流中为 0.728，在饱和流中为 0.768，在拥挤流中为 0.766。根据 F1，排第二的分类器是自由流和饱和流中的 RF 和拥挤流中的 AdaBoost。

**表 5-5 自由流动风险驾驶识别模型的性能**

| 分类器 | AUPRC | 精确率 | 召回率 | F1 |
|---|---|---|---|---|
| 支持向量机 | 0.499 | 0.058 | 0.900 | 0.109 |
| KNN | 0.410 | 0.333 | 0.619 | 0.414 |
| AdaBoost | 0.622 | 0.617 | 0.729 | 0.646 |
| RF | 0.727 | 0.765 | 0.739 | 0.723 |
| Extra tree | 0.705 | 0.767 | 0.649 | 0.685 |
| XGBoost | 0.764 | 0.813 | 0.698 | 0.728 |

**表 5-6 饱和流中风险驾驶识别模型的性能**

| 分类器 | AUPRC | 精确率 | 召回率 | F1 |
|---|---|---|---|---|
| 支持向量机 | 0.469 | 0.381 | 0.618 | 0.465 |
| KNN | 0.500 | 0.394 | 0.710 | 0.499 |
| AdaBoost | 0.711 | 0.637 | 0.675 | 0.652 |
| RF | 0.744 | 0.740 | 0.758 | 0.730 |
| Extra tree | 0.760 | 0.752 | 0.725 | 0.722 |
| XGBoost | 0.802 | 0.834 | 0.730 | 0.768 |

**表 5-7 拥挤流中风险驾驶识别模型的性能**

| 分类器 | AUPRC | 精确率 | 召回率 | F1 |
|---|---|---|---|---|
| 支持向量机 | 0.454 | 0.255 | 0.350 | 0.289 |
| KNN | 0.533 | 0.406 | 0.790 | 0.518 |
| AdaBoost | 0.634 | 0.664 | 0.781 | 0.690 |
| RF | 0.636 | 0.571 | 0.683 | 0.595 |
| Extra tree | 0.708 | 0.690 | 0.647 | 0.639 |
| XGBoost | 0.756 | 0.800 | 0.783 | 0.766 |

将表 5-3 中的 XGBoost 结果与表 5-5～表 5-7 中的结果进行比较，发现对交通状态的感知可以提高模型的危险驾驶员识别能力。例如，在不知道驾驶场景（交通状态）的情况下，风险驾驶员识别模型的准确率和召回率分别为 0.763 和 0.715。若已知驾驶员处于饱和流，风险驾驶员识别模型的准确率和召回率分别为 0.834 和 0.730；若已知驾驶员

处于拥堵状态，风险驾驶员识别模型的准确率和召回率分别为 0.800 和 0.783；若已知驾驶员处于自由流动状态，风险驾驶员识别模型的准确率和召回率分别为 0.813 和 0.698。

使用 XGBoost 作为 SR、TRC 和 PTRC 中所有识别模型的分类器，在表 5-8 中列出了最终的风险驾驶员识别评估结果。SR 的结果与表 5-3 中 XGBoost 的结果相同，因为 SR 是单层结构并且只有一个识别模型。TRC 和 PTRC 的结果是场景（交通状态）识别和危险驾驶员识别的组合。给定一辆不知道其场景的车辆，TRC 和 PTRC 需要预测其场景和相应概率，然后使用特定于交通状态的风险驾驶员识别模型来预测驾驶风格。PTRC（已校准）应用 Platt 缩放来校准 XGBoost 的预测概率，而不是直接使用未校准的概率。

表 5-8 显示，根据 AUPRC 和 F1 分数，TRC、PTRC 和 PTRC（校准）都优于 SR。进行学生 $t$ 检验以查看 SR 和其他结构之间的差异是否具有统计显著性。TRC、PTRC 和 PTRC（已校准）均通过学生 $t$ 检验，这意味着在危险驾驶员识别领域，两层结构明显优于常用的单层结构。PTRC（校准）的 AUPRC 最高，为 0.820，F1 最高，为 0.762。

**表 5-8　危险驾驶识别结构的性能**

| 识别结构 | AUPRC | 精确率 | 召回率 | F1 | 分类器 |
|---|---|---|---|---|---|
| SR | 0.781 | 0.763 | 0.715 | 0.730 | — |
| TRC | 0.798 | 0.904 | 0.652 | 0.756 | <0.001 |
| PTRC | 0.807 | 0.899 | 0.655 | 0.752 | <0.001 |
| PTRC（校准） | 0.820 | 0.834 | 0.708 | 0.762 | <0.001 |

## 5.5　讨论

交通状况对驾驶行为的影响是显而易见的。随着交通拥堵的加剧，车辆的纵向速度变得不稳定，横向速度的变化减小，突然加/减速的现象更加频繁。此外，根据碰撞风险评估，发现饱和流具有最高的风险驾驶员百分比，而拥挤的流具有最低的风险。因此，本章认为交通状态是风险驾驶员识别的重要因素，交通状态与碰撞风险之间的关系很复杂，拥堵并不总是意味着更高的交通风险。

本章的目标是测试是否可以通过使用新颖的两层结构（而不引入任何新功能）来提高机器学习识别危险驾驶员的能力。由于机器学习的输入特征不包含交通状态信息，因此两层结构需要同时预测交通状态并识别危险驾驶员。与单层结构相比，两层结构有两个主要优点。

机器学习模型更灵活：两层结构有 $K+1$ 个模型，每个识别模型可以应用不同的分类器和不同的超参数值，以达到可能的最高性能。相比之下，单层结构只有一个模型，并且只能应用一个具有一个超参数设置的分类器。

适应新数据：交通状况和驾驶行为很复杂。不同的位置在交通状况和驾驶方式上可能有不同的组成。本章应用的数据有 1 529 辆自由流动的车辆，1 720 辆饱和流动的车辆，2 004 辆拥挤的车辆。每个交通状态中危险驾驶员的百分比也不同。例如，使用频繁的高速公路总是拥堵，其驾驶风险与仅在高峰时段拥堵的高速公路不同。单层结构需要对整个风险驾驶员识别模型进行再训练，而两层结构只需要对拥挤流的风险驾驶员识别模型进行再训练。

两层结构的缺点是计算成本相对较高。SR 结构只需要训练一个风险驾驶员识别模型，而 TRC 和 PTRC 需要训练一个交通状态识别模型和三个交通状态特定的风险驾驶员识别模型。由于交通状态特定模型的训练涉及数据的子样本，因此每个状态特定模型的训练时间远大于 SR 结构中模型的训练时间。

表 5-9 通过 10 折交叉验证列出了每个结构的计算成本。SR 的计算时间为 8.5 s，TRC 和 PTRC 的计算时间均为 19.0 s。PTRC（校准）需要 19.1 s，因为它需要额外的时间进行概率校准。尽管两层结构的计算成本远高于单层结构，但由于电子设备的计算能力不断增强，这在实践中可能不是主要问题。此外，并行计算有助于降低两层结构的计算成本，因为 $K+1$ 模型可以独立训练。

**表 5-9 危险驾驶识别结构的计算成本**

| 结构 | 时间/s |
|---|---|
| SR | 8.5 |
| TRC | 19.0 |
| PTRC | 19.0 |
| PTRC（校准） | 19.1 |

## 5.6 小结

本章提出了两种风险驾驶员识别结构：具有场景感知的两层风险驾驶员识别（TRC）和基于概率的具有场景感知的两层风险驾驶员识别（PTRC）。本章使用车辆轨迹数据证明了交通状态对驾驶行为参数和危险驾驶具有显著影响。因此，交通状态作为一种必不可少的场景信息，在风险驾驶员识别模型中应被充分考虑。本章通过统计测试获得更高的 AUPRC 和 F1 分数，确认 TRC 和 PTRC 明显优于单层结构。并且，PTRC 的性能可以在概率校准后进一步提高。

这项研究存在一些局限性。拟议结构在性能上的改进是中等的，可以通过考虑更多的交通状况来实现改进。此外，本章没有讨论交通状态的最佳数量和分类问题。拟议结构在性能评估方面，仅使用了记录在德国高速公路上的单一源数据集。为了充分证明 TRC 和 PTRC 的价值，有必要对新数据集进行更多的性能测试。

在未来的研究中，应该考虑更详细的场景信息，例如，道路类型、天气状况和车辆类型。同时，其他来源的驾驶行为数据，如自然驾驶数据和驾驶模拟器数据，对于进一步测试所提出结构的性能很有价值。

## 参考文献

[1] ROLISON J J, REGEV S, MOUTARI S, et al. What are the factors that contribute to road accidents? An assessment of law enforcement views, ordinary drivers' opinions, and road accident records[J]. Accident; Analysis and Prevention, 2018, 115: 11-24.

[2] SAGBERG F, SELPI, PICCININI G F B, et al. A Review of research on driving styles and road safety[J]. Human Factors, 2015, 57(7): 1248-1275.

[3] MARTINEZ C M, HEUCKE M, WANG F Y, et al. Driving style recognition for intelligent vehicle control and advanced driver assistance: A survey[J]. IEEE Transactions on Intelligent Transportation Systems, 2018, 19(3): 666-676.

[4] TAUBMAN-BEN-ARI O, MIKULINCER M, GILLATH O. The multidimensional driving style inventory-scale construct and validation[J]. Accident Analysis and Prevention, 2004, 36(3): 323-332.

[5] ITKONEN T H, LEHTONEN E, SELPI. Characterisation of motorway driving style using naturalistic driving data[J]. Transportation Research: Part F, 2020, 69: 72-79.

[6] ERICSSON E. Variability in urban driving patterns[J]. Transportation Research. Part D: Transport and Environment, 2000, 5(5): 337-354.

[7] XIA H, BORIBOONSOMSIN, BARTH M. Dynamic eco-driving for signalized arterial corridors and its indirect network-wide energy/emissions benefits[J]. Journal of Intelligent Transportation Systems: Technology, Planning, and Operations, 2013, 17(1): 31-41.

[8] DIXIT V V, GAYAH V V, RADWAN E. Comparison of Driver Behavior by Time of Day and Wet Pavement Conditions[J]. Journal of Transportation Engineering, 2011, 138(8): 1023-1029.

[9] HAN W, WANG W, LI X, et al. Statistical-based approach for driving style recognition using Bayesian probability with kernel density estimation[J]. Intelligent Transport Systems, IET, 2019, 13(1): 22-30.

[10] WANG K, XUE Q, XING Y, et al. Improve Aggressive Driver Recognition Using Collision Surrogate Measurement and Imbalanced Class Boosting[J]. International journal of environmental research and public health, 2020, 17(7): 2375.

[11] YI D, SU J, LIU C, et al. A machine learning based personalized system for driving state recognition[J]. Transportation Research Part C: Emerging Technologies, 2019, 105: 241-261.

[12] HONG J, SUH E, KIM S-J. Context-aware systems: A literature review and classification[J]. Expert Systems with Applications, 2009, 36(4): 8509-8522.

[13] BEJANI M M, GHATEE M. A context aware system for driving style evaluation by an ensemble learning on smartphone sensors data[J]. Transportation Research, Part C: Emerging Technologies, 2018, 89(9): 303-320.

[14] SUZDALEVA E, NAGY I. Two-layer pointer model of driving style depending on the driving environment[J]. Transportation Research: Part B, 2019, 128: 254-270.

[15] AOUDE G S, DESARAJU V R, STEPHENS L H, et al. Driver behavior classification at intersections and validation on large naturalistic data set[J]. IEEE Transactions on Intelligent Transportation Systems, 2012, 13(2): 724-736.

[16] KLUGER R, SMITH B L, PARK H, et al. Identification of safety-critical events using kinematic vehicle data and the discrete fourier transform[J]. Accident Analysis and Prevention, 2016, 96: 162-168.
[17] ZHAO N, MEHLER B, REIMER B, et al. An investigation of the relationship between the driving behavior questionnaire and objective measures of highway driving behavior[J]. Transportation Research Part F: Traffic Psychology and Behaviour, 2012, 15(6): 676-685.
[18] XUE Q, WANG K, LU J J, et al. Rapid driving style recognition in car-following using machine learning and vehicle trajectory data. [J]. Journal of Advanced Transportation, 2019, 2019(2): 1-11.
[19] WANG F, ZHANG J, WANG S, et al. Analysis of driving behavior based on dynamic changes of personality states[J]. International Journal of Environmental Research and Public Health, 2020, 17(2): 430.
[20] LIU T, YANG Y, HUANG G, et al. Driver distraction detection using semi-supervised machine learning[J]. IEEE Transactions on Intelligent Transportation Systems, 2016, 17(4): 1108-1120.
[21] WANG W, XI J, CHONG A, et al. Style classification using a semisupervised support vector machine[J]. IEEE Transactions on Human-Machine Systems, 2017, 47(5): 650-660.
[22] PENG L, SOTELO M A, HE Y, et al. Rough set based method for vehicle collision risk assessment through inferring driver's braking actions in near-crash situations[J]. IEEE Intelligent Transportation Systems Magazine, 2019, 11(2): 54-69.
[23] PENG L, WANG Y, ZHANG F, et al. Evaluation of emergency driving behaviour and vehicle collision risk in connected vehicle environment: A deep learning approach[J]. IET Intelligent Transport Systems, 2021, 15(4): 584-594.
[24] KRAJEWSKI R, BOCK J, KLOEKER L, et al. The highD dataset: A drone dataset of naturalistic vehicle trajectories on german highways for validation of highly automated driving systems[C]// 2018 21st International Conference on Intelligent Transportation Systems. USA: [s. n.], 2018: 2118-2125.
[25] GREEN M. "How long does it take to stop?" methodological analysis of driver perception-brake times[J]. Transportation Human Factors, 2000, 2(3): 195-216.
[26] GUYON I, WESTON J, BARNHILL S, et al. Gene selection for cancer classification using support vector machines[J]. Machine Learning, 2002, 46(1): 389-422.
[27] BOSER B E, GUYON I M, VAPNIK V N. A training algorithm for optimal margin classifiers [C]//Proceedings of the fifth annual workshop on Computational learning theory. New York, US: Association for Computing Machinery, 1992: 144-152.
[28] FIX E, HODGES J L. Discriminatory analysis-nonparametric discrimination: consistency properties[J]. International Statistical Review, 1989, 57(3): 238-247.
[29] FREUND Y, SCHAPIRE R E. A decision-theoretic generalization of on-line learning and an application to boosting[J]. Journal of Computer and System Sciences, 1997, 55(1): 119-139.
[30] BREIMAN L. Random forests[J]. Machine Learning, 2001, 45(1): 5-32.
[31] GEURTS P, ERNST D, WEHENKEL L. Extremely randomized trees[J]. Machine Learning, 2006, 63: 3-42.
[32] CHEN T, GUESTRIN C. XGBoost: a scalable tree boosting system[C]//Proceedings of the 22nd ACM SIGKDD International Conference on Knowledge Discovery and Data Mining. New York, USA: Association for Computing Machinery, 2016: 785-794.
[33] BERGSTRA J, YAMINS D, COX D D. Making a science of model search: hyperparameter

optimization in hundreds of dimensions for vision architectures[C]//Proceedings of The 30th International Conference on Machine Learning. JMLR. org, 2013: 115-123.

[34] NICULESCU-MIZIL A, CARUANA R. Predicting good probabilities with supervised learning [C]//Twenty-Second International Conference on Machine Learning. New York, USA: Association for Computing Machinery, 2005: 625-632.

[35] WALLACE B C, DAHABREH I J. Class probability estimates are unreliable for imbalanced data (and how to fix them)[C]//2012 IEEE 12th International Conference on Data Mining. USA: IEEE Computer Society, 2012: 695-704.

[36] PLATT J C. Probabilistic outputs for support vector machines and comparisons to regularized likelihood methods[C]//in Advances in Large Margin Classifiers. Cambridge, USA: MIT Press, 1999: 61-74.

[37] ZADROZNY B, ELKAN C. Obtaining calibrated probability estimates from decision trees and naive Bayesian classifiers[C]//18th International Conference on Machine Learning. San Francisco: Morgan Kaufmann Publishers Inc., 2001: 609-616.

[38] ZADROZNY B, ELKAN C. Transforming classifier scores into accurate multiclass probability estimates[C]//The 8th ACM SIGKDD International Conference on Knowledge Discovery and Data Mining. New York: Association for Computing Machinery, 2002: 694-699.

[39] SAITO T, REHMSMEIER M. The precision-recall plot is more informative than the ROC plot when evaluating binary classifiers on imbalanced datasets[J]. PloS One, 2015, 10(3): e0118432.

[40] DIETTERICH T G. Approximate statistical tests for comparing supervised classification learning algorithms[J]. Neural Computation, 1998, 10(7): 1895-1923.

# 第6章

# 基于自动机器学习的不平衡危险驾驶数据分类算法

## 6.1 概述

在驾驶行为研究中,数据往往是不平衡的。例如,在实际交通中,危险驾驶行为的发生率远低于正常驾驶行为。监督学习算法更关注占多数的正常驾驶行为,对少数类的预测性能较差。这是一个问题,因为通常识别少数类是目标。现有研究通常在使用监督学习算法之前对不平衡数据进行预采样以减少不平衡[1]。也有研究使用成本敏感学习来增加少数类的分类错误成本,以补偿类分布中的偏差[2]。将采样与装袋或提升相结合的集成学习算法,例如,合成少数过采样技术提升(SMOTEBoost)、随机欠采样提升(RUSBoost)和 EasyEnsemble,比没有采样的传统集成学习表现更好[3]。在一些研究中将成本敏感学习(包括示例加权和阈值移动)与抽样方法进行了比较,但没有明确的赢家[4, 5]。每种方法都有优点和缺点。由于不平衡数据结构各不相同,因此没有通用的主要选择,更不用说像极限梯度提升(XGBoost)这样的最先进的分类器可能与传统分类器[如决策树、K-最近邻(KNN)和支持向量机]不同。

一些研究结合抽样和成本敏感来解决不平衡问题,但没有一个是关于危险驾驶识别的。例如,Le 等[6]将抽样与基于成本敏感学习框架的 Cluster-based Boosting (CBoost)算法相结合来预测破产。Peng 等[7]应用抽样和成本敏感的 MLP 来预测交通事故。这些研究的局限性在于成本敏感分类器中采样方法、采样率和示例权重的预设。应用采样方法、采样率和示例权重的固定组合,机器学习算法可能会以次优解决方案结束,并且效果甚至比单独使用采样或成本敏感学习更差。

Automated Machine Learning (AutoML)是指机器学习模型开发的自动化过程,包括但不限于数据清洗和处理、特征提取和选择、模型选择和参数选择。AutoML 减少了应用机器学习所需的人力。给定一个数据集,AutoML 自动选择算法并设置它们的超参数以优化经验性能。本章旨在构建一个自动选择最佳采样方法、成本敏感损失函数、概率校准方法以及相应超参数的 AutoML 框架,以建立风险驾驶员识别模型。从德国高速公路收集的无人机视频中提取的车辆轨迹数据集用于训练模型。自动化机器学习中包含了 12 种采样方法、2 种成本敏感损失函数和 2 种概率校准方法,并比较了它们的性能。

## 6.2 数据

为了演示所提出的自动化机器学习框架,本章使用来自高速公路无人机数据集(highD)的车辆轨迹数据来建立一个有风险的驾驶员识别模型作为案例研究。使用无人机记录了 6 条德国高速公路的交通情况,使用最先进的计算机视觉算法从中提取了 110 500 条车辆轨迹。无人机摄像头可覆盖 420 m 长的高速公路,典型车辆定位误差小于

10 cm。录制的交通视频每秒 25 帧。车辆的位置每 0.04 s 检测一次并跟踪一次，并使用贝叶斯平滑法进行平滑处理。其他驾驶信息，包括速度、加速度、变道和跟车，都可以从车辆位置中获取。本章使用的数据是在早高峰时段在一条 6 车道高速公路上记录的。在 19 min 38 s 内记录了 2 850 辆车的轨迹。在所有车辆中，记录轨迹超过 10 s 的 2 427 辆私家车被保留在以下研究中。

## 6.3 建模方法

本章的研究框架如图 6-1 所示。首先，分析车辆轨迹，根据每个驾驶员的碰撞风险将其标记为危险驾驶员或正常驾驶员。碰撞风险评估方法在本书第 5.3.1～5.3.2 节中进行了介绍，故不再赘述。一旦基于 ACR 标记了危险驾驶员，本章尝试使用较少的轨迹信息建立危险驾驶员识别模型。第 6.3.1 节描述了如何从轨迹中提取和选择特征。由于危险驾驶员的数量和正常驾驶员的数量不平衡，本章应用三种类别不平衡技术：采样、成本敏感学习和概率校准。这三种技术分别在第 6.3.2～6.3.4 节介绍。第 6.3.5 节介绍了自动化机器学习。第 6.3.6 节解释了本章如何评估模型性能。

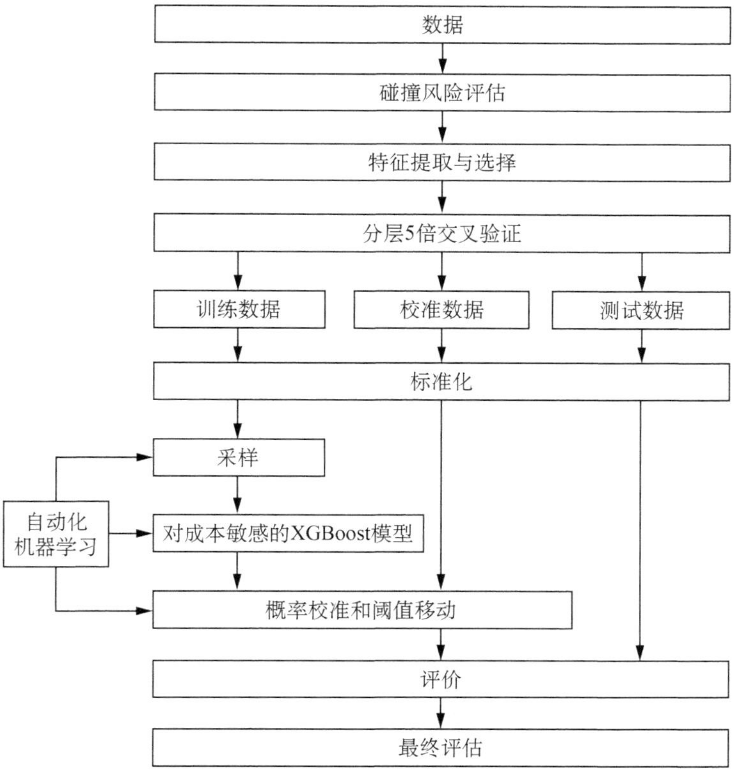


图 6-1 研究框架

### 6.3.1 特征提取与选择

选择纵向速度、横向速度和间隙作为识别有风险的驾驶员的特征。离散傅里叶变换(DFT)或快速傅里叶变换(FFT)已被广泛应用于驾驶行为研究中[8-11]，它们能够将驾驶特征的时间序列转换为频域中的信号幅度，并且研究发现 DFT 是一种比均值、标准差、最大值和最小值等统计参数更好的特征提取方法。

纵向速度、横向速度、gap 这 3 个参数，每个时间序列都被转换为 20 个 DFT 系数。此外，纵向速度、横向速度和间隙的平均值、标准偏差和变异系数也作为特征包含在内。因此，每个驾驶员总共有 72 个特征。图 6-2 显示了纵向速度和处理后的 DFT 系数的 2 个数值示例。图 6-2(a)和图 6-2(c)是两辆车(ID:25-300 和 ID:25-591)在时域的纵向速度数据，图 6-2(b)和图 6-2(d)是相应的 DFT 系数。车辆 ID:25-300 的纵向速度比车辆 ID:25-59 的纵向速度更不稳定。因此，车辆 ID:25-300 的高频振幅应该高于车辆 ID:25-591，而车辆 ID:25-591 的低频振幅高于车辆 ID:25-300。在频域中，可以观察到与车辆 ID:25-591 相比，车辆 ID:25-300 在 0.04 Hz 和 0.08 Hz 之间具有较低的频率振幅，在 0.12 Hz 和 0.32 Hz 之间具有较高的频率振幅。图 6-2 表明，无论时间序列的长度如何，DFT 都可以揭示隐藏在时间序列数据中的每个频率的信号幅度。

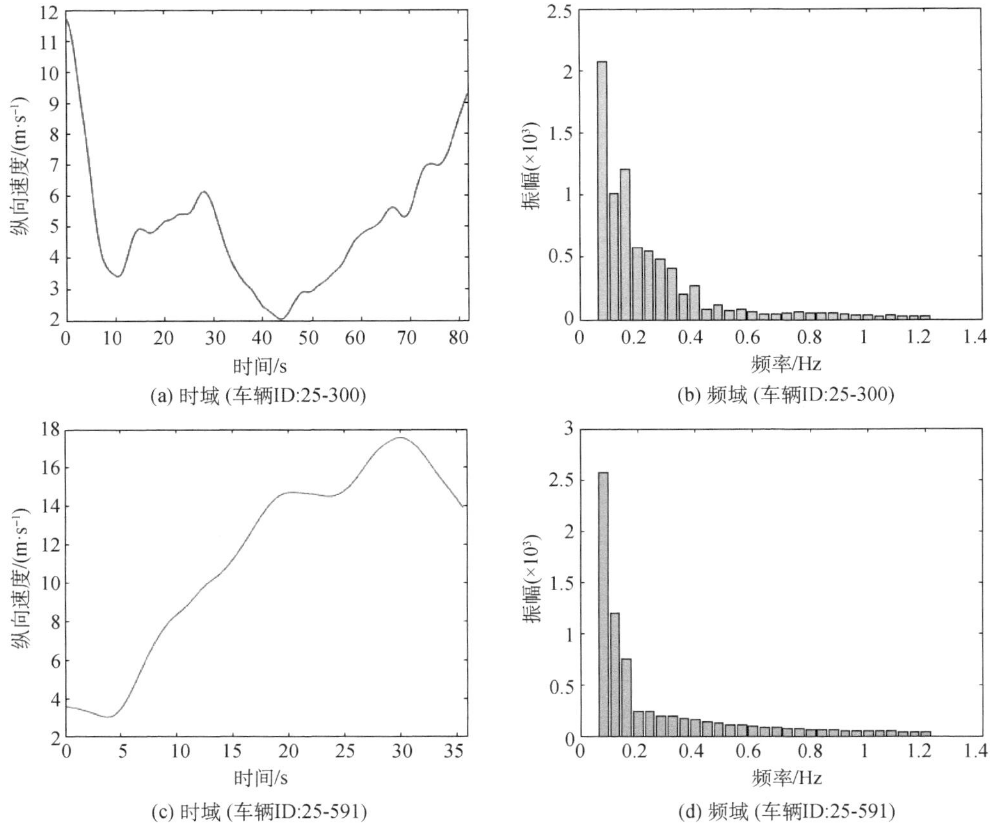

(a) 时域 (车辆ID:25-300)　(b) 频域 (车辆ID:25-300)
(c) 时域 (车辆ID:25-591)　(d) 频域 (车辆ID:25-591)

**图 6-2　时域与频域信号对比**

递归特征消除(RFE)是一种特征选择算法。首先，创建一个使用所有72个特征的完整风险驾驶员识别模型。其次，根据特征重要性从最重要到最不重要对特征进行排序。在重新训练模型之前，一次一次地迭代消除最不重要的特征。迭代一直持续到模型的性能无法提高或池中没有特征为止。

## 6.3.2　采样方法

本章考虑五种欠采样方法：随机欠采样(RUS)、Tomek Links、编辑最近邻(ENN)、重复编辑最近邻(RENN)和全K最近邻(AllKNN)。RUS方法从多数类中随机删除实例，直到不平衡类比率达到所需水平。Tomek Links方法则是基于一对非常接近但属于相反类别的实例，通过删除每对中多数类的实例来增加两个类之间的空间，从而促进分类过程。ENN方法要求一个样本(通常来自多数类)的最近邻居是来自相反类别的实例，以便将该样本删除。相比之下，Tomek Links方法要求两个样本成为彼此最近的邻居，因此使用了更严格的条件，导致删除的样本较少。RENN方法则是多次重复ENN。AllKNN方法在重复应用ENN的同时增加$k$个最近邻的$k$值。除RUS外，其他欠采样方法均无法控制重采样后少数类样本数量超过多数类样本数量的情况。因此，一般情况下，通过Tomek Links、ENN、RENN或AllKNN方法进行采样后，数据仍然可能保持不平衡状态。

本章考虑五种过采样方法：随机过采样(ROS)、合成少数过采样技术(SMOTE)、SVMSMOTE、Borderline-SMOTE和自适应合成采样(ADASYN)。ROS方法随机复制少数类示例，直到不平衡类比率达到所需水平。SMOTE方法则是在特征空间中，通过随机选择的样本和它的一个邻居之间进行线性插值来生成一个新的合成样本。SMOTE采样有多种变体，它们采用不同的规则来选择样本和邻居。SVMSMOTE方法使用SVM算法在类之间建立边界，并在边界线附近生成新的合成样本。Borderline-SMOTE方法则使用$K$最近邻而不是SVM来识别决策边界周围的错误分类样本。自适应合成采样(ADASYN)方法则围绕那些具有更多多数邻居的“更难学习”的少数样本生成更多的样本。所有这些过采样方法都可以设置采样率，以达到所需的类比。

过采样和欠采样都有其缺点。过采样可能会给数据引入噪声，而欠采样从多数类中删除了有用的信息。混合采样方法结合了过采样和欠采样来克服它们的缺点。SMOTEENN首先使用SMOTE生成新的合成示例，然后使用ENN进行欠采样。SMOTETome和SMOTEENN的区别在于，SMOTETomek使用Tomek Links作为欠采样方法，而不是ENN。

本章提出了一个综合的自动化机器学习框架，它结合了成本敏感的学习和采样技术。采样方法在分类器训练之前部分平衡数据，并且成本敏感的XGBoost通过增加少数例子的权重来训练。通过超参数优化，本章可以优化采样率和示例权重，从而创建一种更灵活的方式来处理不平衡数据。

### 6.3.3 成本敏感的 XGBoost 损失函数

XGBoost 使用 cross-entropy 交叉熵损失(对数损失)函数来衡量分类性能,这是一种基于概率的度量方法。具有示例权重的二元分类问题的广义交叉熵损失函数,加权二元交叉熵损失,可以表示为式(6-1)。

$$L_w = -\sum_{i=1}^{N}[wy_i\ln(\hat{p}_i)+(1-y_i)\ln(1-\hat{p}_i)] \tag{6-1}$$

式中 $y_i$——样本 $i$ 的真实类别,对于正(少数)实例,$y_i=1$,对于负(多数)实例,$y_i=0$;

$w$——少数类的权重,若 $w$ 大于 1,则在正(少数)实例上添加额外的损失;

$N$——样本量;

$\hat{p}_i$——样本 $i$ 为正的估计概率。

Focal loss function 由 Lin[12] 提出,用于解决密集目标检测中遇到的前景-背景-背景类别不平衡的问题。Focal loss 给估计概率远离真实类的"hard examples"赋予更多权重(对于二元分类,$y_i=1$ 时接近 0,$y_i=0$ 时接近 1)。在类不平衡的情况下,正实例的数量远少于负实例的数量。由于机器学习算法可能会过度补偿并过于关注负面(多数)类,因此"hard examples"主要是被错误分类为负面实例的正面实例。

Wang[13] 提出了 Imbalance-XGBoost,它将 XGBoost 与加权焦点损失相结合以解决类不平衡问题。加权二元焦点损失可以表示为式(6-2)。

$$L_f = -\sum_{i=1}^{N}[wy_i(1-\hat{p}_i)^{\gamma}\ln(\hat{p}_i)+(1-y_i)\hat{p}_i^{\gamma}\ln(1-\hat{p}_i)] \tag{6-2}$$

式中,$\gamma$ 为聚焦参数,$\gamma \geqslant 0$。若 $\gamma=0$,则式(6-1)与式(6-2)相同。

### 6.3.4 概率校准

许多机器学习算法不仅可以预测类别,还可以预测每个类别的概率或类似概率的分数。当仅预测类别不足以计算接受者操作特征(ROC)曲线和精确回忆曲线时,预测概率作为不确定性的度量可用于评估模型。

不平衡数据需要进行概率校准的主要原因有两个。首先,像 SVM、提升树这样的算法没有使用概率框架进行训练,也不提供校准概率[14]。其次,用不平衡数据训练的监督学习系统地低估了少数类实例的概率[15]。

常见的概率标定方法有两种:Platt scaling 和 Isotonic 回归法。Platt[16] 引入了标定方法 Platt scaling,它可以训练逻辑回归将原始分类器的输出映射到真实类别概率。Isotonic 回归是 Zadrozny 和 Elkan[17, 18] 引入的一种非参数方法。Isotonic 回归拟合分段常数非递减函数,其中为每个 bin 中的预测概率或分数分配相同的校准概率,该概率在 bin 上单调递增。

当预测概率的失真是 sig-moid 形时，Platt scaling 是更可取的。Isotonic 回归是一种更强大的校准方法，可以纠正任何单调失真。但是，当校准数据的样本量较小时，Isotonic 回归的性能可能比 Platt scaling 差。

### 6.3.5　自动化机器学习

本章提出了一个自动化机器学习（AutoML）框架，该框架可以自动且同时选择采样方法、采样率、成本敏感损失函数、少数类权重和概率校准方法，旨在以最大化危险驾驶识别模型的评估指标。这五个要素如图 6-3 所示，每个要素中都有多个可用的候选方法。由于本章使用的数据集的不平衡比例为 1∶22.3，因此采样比例设置为 1～22.3。抽样率是由抽样后多数样本数除以少数样本数确定的。当采样率为 1 时，数据集恰好是平衡的；当采样率为 22.3 时，数据集不被采样，因为它的不平衡率不变。因此，通过选择最佳采样率，AutoML 可以控制数据的不平衡程度。如果最佳采样比为 22.3，则表明最好不要通过采样来缓解数据不平衡。少数类别权重越高，少数样本越重要。多数类权重始终为 1。如果 AutoML 建议少数类权重等于 1，则 XGBoost 中的损失函数对成本不敏感，因为多数类和少数类的权重相同。

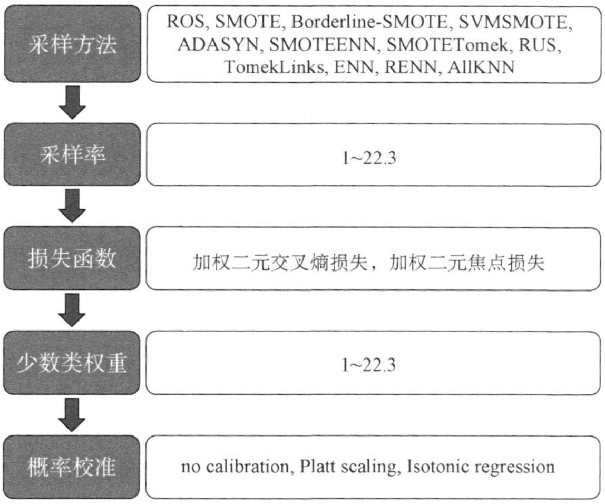


**图 6-3　自动化机器学习框架的五个要素**

除了上述 5 个要素外，还有一些超参数需要确定，如表 6-1 所示。对于超参数数量较少的传统分类器，手动调整和网格搜索通常就足够了。然而，对于具有大量超参数的监督学习算法，自动化机器学习因其快速、稳定和准确而更加强大。本章考虑了 6 个超参数：XGBoost 分类器的 5 个超参数和 focal loss 目标函数的 1 个超参数。

使用 HyperOpt[19] 进行超参数调优。通过 HyperOpt 自动搜索图 6-3 中所示的五个要素和表 6-1 中列出的超参数的最优值。需要注意的是，TomekLinks、ENN、RENN 和 AllKNN 不能调整采样比例。

表 6-1 超参数调优

| 超参数 | 定义 | 取值范围 |
|---|---|---|
| n_estimators | 子分类器个数 | [10, 350],整数 |
| max_depth | 每棵树的最大深度 | [3, 10],整数 |
| learning_rate | 学习率 | [0.1, 1] |
| subsample | 样本采样比率 | [0.5, 1] |
| colsample_bytree | 列采样比率 | [0.5, 1] |
| focal_gamma[1] | focal loss 参数 | [0, 4] |

注:focal_gamma 只有当 XGBoost 使用 focal loss 作为目标函数时才是一个有用的超参数。

## 6.3.6 交叉验证和评估指标

本章使用分层 5 折交叉验证来评估分类算法的性能。分层 5 折交叉验证将 2 427 辆车随机分成 5 个大小相等的子集。每个子集具有与总数据集相同的不平衡类别比率。每次使用 3 个子集进行采样和训练,1 个子集用于概率校准,最后 1 个子集用于测试训练模型的性能。这个过程轮流遍历每个子集,通过计算平均 AUPRC、F1 分数、准确率和召回率来综合评估算法的性能。为了找到最佳的自动机器学习结果,将优化过程迭代 500 次。500 次迭代后达到最高平均 AUPRC 的采样方式、损失函数、概率标定、超参数值作为最终结果。由于最佳采样方法、损失函数、概率校准和超参数是根据测试数据选择的,因此在最终评估中使用不同的分层 5 折交叉验证和最佳结果来避免过度拟合。由于贝叶斯优化确定的最优结果最终可能会出现局部最优,所以将上述整个过程重复五次,每次重复都会得到一组不同的最优结果和最终评价。五次最终评估的平均值将在第 6.4 节中给出。

识别模型的性能取决于其识别危险驾驶员的能力。本章使用五个重要的性能指标:精确率、召回率、F1 分数、精确召回曲线下面积(AUPRC)和预期校准误差(ECE)。

如式(6-3)所示,预期校准误差(ECE)[20] 用于衡量模型预测概率偏离真实值的误校准程度。

$$ECE = \sum_{k=1}^{M} P(k) \cdot | o_k - e_k | \tag{6-3}$$

式中 $o_k$——bin $k$ 中正实例的真实分数;

$e_k$——bin $k$ 中实例的后校准概率的平均值;

$P(k)$——落入 bin $k$ 的所有实例的分数。

ECE 的值越低,模型的校准越好。

# 6.4　结果与讨论

## 6.4.1　碰撞风险和危险驾驶员

使用第 5.3.1 节中介绍的方法，计算 2 427 辆私家车的平均碰撞风险，并将它们绘制在图 6-4 中。所有 ACR 的平均值为 0.036。大多数车辆的 ACR 值为 0 或接近 0，表明它们在安全状态下行驶。基于 IQR 方法，将 ACR 大于 0.5 的驾驶员标记为危险驾驶员，占所有私家车驾驶员的 4.29%。因此，数据是不平衡的，95.71%的正常驾驶员和 4.29%的危险驾驶员。失衡比为 1∶22.3。

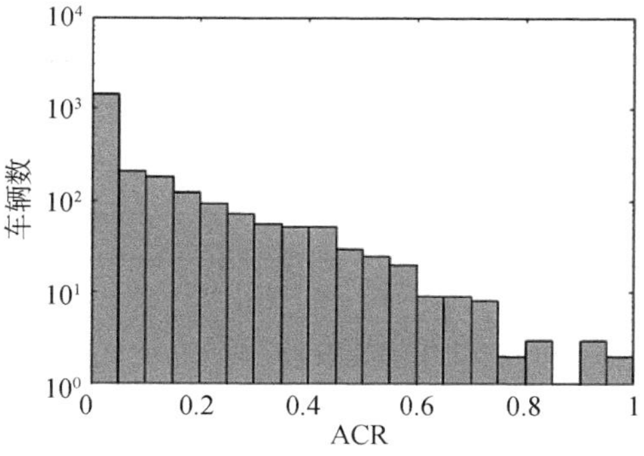


图 6-4　全部车辆的 ACR 直方图

## 6.4.2　自动化机器学习结果

危险驾驶员识别模型是在一台配备 AMD Ryzen 1700X 8 核处理器(3.40 GHz)的计算机上训练的。完成 500 次迭代训练大约需要 30 min。经过训练，找到了采样方法、损失函数、概率校准方法和相关超参数的最佳组合。涉及两个 5 折交叉验证。第一个 5 折交叉验证(表示为 CV1)在训练过程中重复应用。将自动学习迭代的最大次数设置为 500，CV1 重复了 500 次。最终的学习结果是根据他们在 CV1 上的表现来确定的。第二个 5 折交叉验证(表示为 CV2)用于生成本章呈现的最终评估结果，以避免过度拟合问题。CV1 和 CV2 之间的区别在于随机种子会影响样本的打乱和拆分方式。

图 6-5 显示 AUPRC 在前 100 次迭代中迅速增加，然后减慢。随着搜索的继续，CV1 中测试数据的 AUPRC 仍在上升，尽管速度要慢得多。然而，CV2 中测试数据的 AUPRC 在 150 次迭代后几乎保持不变。CV1 和 CV2 的 AUPRC 之间的差距是过度拟合问题的指标，并且差距 1 000 次迭代后增长。因此，将最大搜索迭代次数设置为 500 次对于 AutoML 来说就足够了，并且模型在 1 000 次迭代后会出现过拟合。

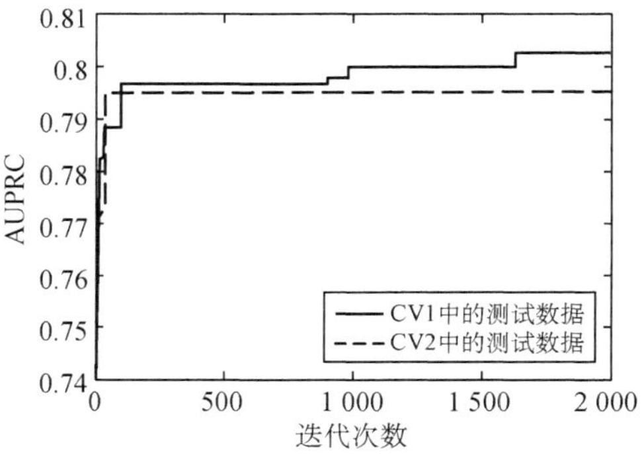


图 6-5　CV1 和 CV2 的 AUPRC 迭代

HyperOpt 的 AutoML 结果取决于初始值，可能会停在局部最优值处。在表 6-2 中列出了 AutoML 的 5 个独立轮次(每轮包含 500 次搜索迭代)的结果。超参数的最佳值在每一轮中都不稳定。例如，XGBoost 中估计器的最佳数量从 135 到 323 不等；少数样本在损失函数中的权重从 4.08 到 22.01 不等。然而，CV1 中 AUPRC 的变化很小，在 0.794～0.805 之间。不出所料，CV2 中的 AUPRC 低于 CV1 中的 AUPRC，并且具有相对更宽但可以接受的变化，范围为 0.747～0.774。

对于所有 5 轮 AutoML，最佳采样方法和损失函数分别是 SVMSMOTE 和交叉熵损失。概率校准方面，没有明显的最优选择。在第 1 轮和第 4 轮中，Platt scaling 是最好的概率校准方法，而在第 2 轮和第 3 轮中，直接使用 XGBoost 预测的概率（不进行校准）反而更好。AutoML 在第 5 轮选择 Isotonic 回归作为校准方法。

**表 6-2　5 轮 AutoML 结果**

| 轮次 | 1 | 2 | 3 | 4 | 5 |
| --- | --- | --- | --- | --- | --- |
| AUPRC(CV1 中训练集) | 0.794 | 0.802 | 0.805 | 0.797 | 0.799 |
| AUPRC(CV2 中训练集) | 0.76 | 0.747 | 0.774 | 0.758 | 0.754 |
| 采样 | SVMSMOTE | SVMSMOTE | SVMSMOTE | SVMSMOTE | SVMSMOTE |
| 采样比例 | 0.26 | 0.49 | 0.36 | 0.34 | 0.57 |
| 损失函数 | cross-entropy loss | cross-entropy loss | cross-entropy loss | cross-entropy loss | cross-entropy loss |
| 少数样本权重 | 14.89 | 8.72 | 22.01 | 4.08 | 16.02 |
| 概率校准 | Platt scaling | 不使用校准 | 不使用校准 | Platt scaling | Isotonic 回归 |
| focal_gamma | — | — | — | — | — |
| n_estimators | 135 | 163 | 323 | 172 | 226 |
| max_depth | 5 | 7 | 6 | 7 | 8 |
| learning_rate | 0.33 | 0.52 | 0.13 | 0.40 | 0.10 |
| subsample | 0.62 | 0.81 | 0.53 | 0.84 | 0.58 |
| colsample_bytree | 0.63 | 0.75 | 0.51 | 0.58 | 0.68 |

### 6.4.3　手动搜索类不平衡处理方法

为了证明 AutoML 结果的有效性，手动测试了模型训练过程中应用的 13 种不同采样方法（包括不采样）、2 种损失函数和 3 种概率校准方法（包括不校准）的性能。总共有 13×2×3=78 种组合，独立训练危险驾驶员识别模型 78 次，耗时 1 250 min。本节比较了加权（成本敏感）损失函数的性能，6.4.4 节分析了采样方法和概率校准方法。

图 6-6 显示了具有加权 focal loss 和加权交叉熵损失的危险驾驶员识别模型的 AUPRC。当不使用采样时，不管概率校准方法如何，交叉熵通过具有更高的 AUPRC 优于焦点损失。然而，在某些组合中，焦点损失优于交叉熵损失。例如，如图 6-6(c)所示，当使用 ADASYN、SMOTEENN 或 ENN 采样，并应用 Isotonic 回归作为概率校准方法时，将交叉熵损失函数切换为焦点损失后，AUPRC 得到改善。

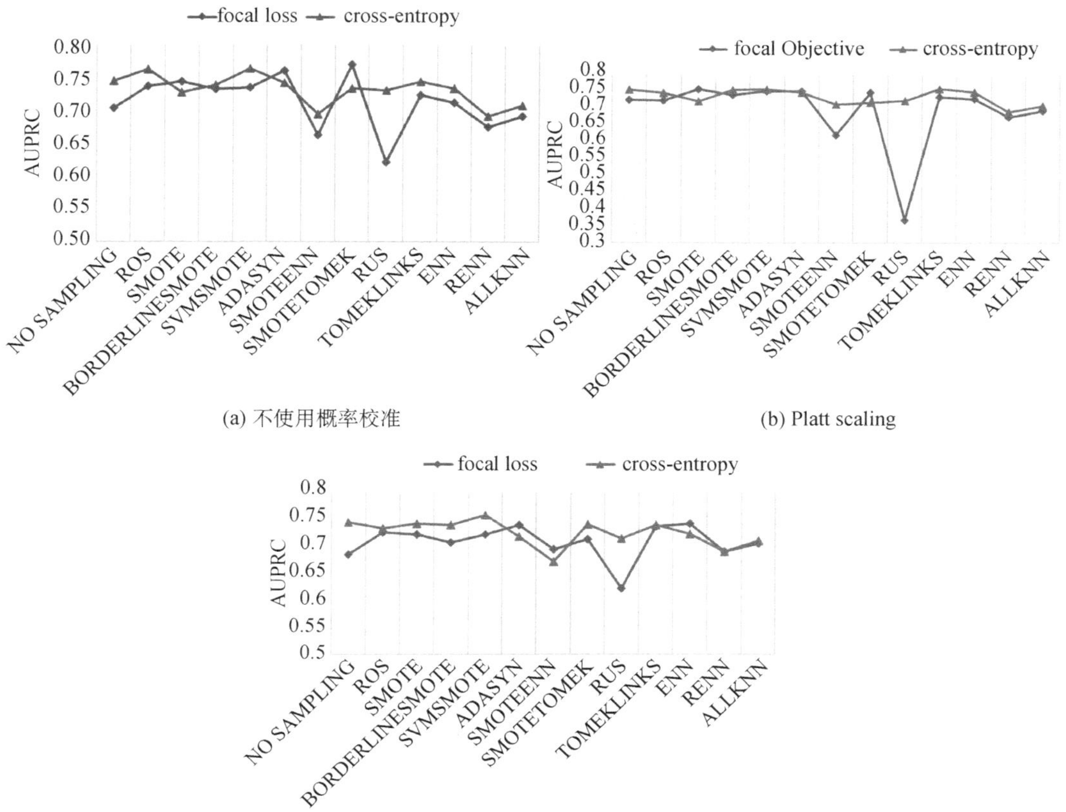


(a) 不使用概率校准

(b) Platt scaling

(c) Isotonic回归

**图 6-6　使用不同损失函数的 XGBoost 的 AUPRC**

所有 78 种组合中 AUPRC 最高是 0.763，由 SVMSMOTE、交叉熵和无校准组合生成。第二高的 AUPRC 是 0.758，由 SVMSMOTE、交叉熵和 Platt 缩放组合生成。结果与 AutoML 一致，SVMSMOTE 是本章中最好的采样方法，交叉熵损失是危险驾驶员识别的最佳损失函数。AutoML 的优势在于其的有效性和效率。AutoML 可以找到最佳的类不平衡处理方法，手动搜索所需的计算成本为 2.4%。

### 6.4.4　采样方法和概率校准的比较

设置成本敏感 cross-entropy 损失函数，在图 6-7 中绘制了不同采样方式和概率校准方式的 AUPRC。如图 6-7 所示，最好的过采样方式是 SVMSMOTE；最好的欠采样方法是 TOMEKLINKS；最好的混合采样方法是 SMOTETOMEK。在不采样的情况下单独使用成本敏感损失函数是一个不错的选择，它在 AUPR 方面优于多个采样＋成本敏感组合。SMOTEENN＋成本敏感的 AUPRC 得分最差，还有 RENN 和 AllKNN。

除了 ROS、SVMSMOTE 和 RUS，大多数采样方法在概率校准后都能得到更高的 AUPRC。对于无采样、BORDERLINESMOTE、ADASYN、SMOTEENN、TOMEKLINKS 和 ENN，与无校准和 Isotonic 回归相比，Platt scaling 是 AUPRC 方面的最佳校准方法。对于 SVMSMOTE，Isotonic 回归和 Platt scaling 的 AUPRC 较低，但非常接近无校准的 AUPRC。

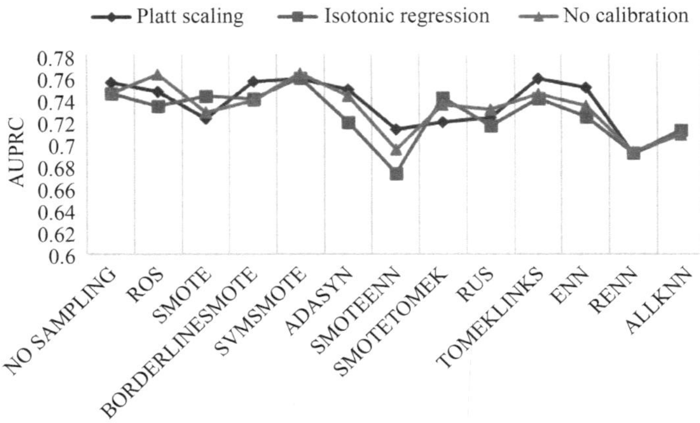


**图 6-7　不同概率校准方法和采样方法所达到的 AUPRC**

为了找到最佳的概率校准方法，需要概率校准的另一个评估指标——预期校准误差（ECE）。它衡量预测概率和经验概率之间的误差。如图 6-8 所示，Platt scaling 和 Isotonic 回归在大多数情况下都显著降低了 ECE。具有 Isotonic 回归的 SVMSMOTE 达到了最低的 ECE。因此，选择 Isotonic 回归作为最好的概率校准方法。

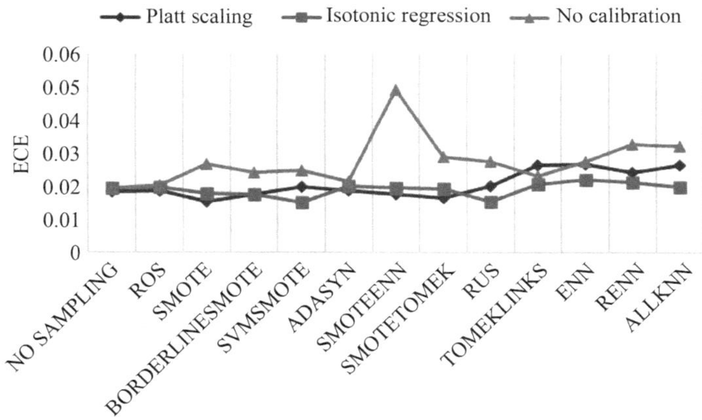


**图 6-8　不同概率校准方法和采样方法所达到的 ECE**

## 6.4.5　最后结果

加权交叉熵损失函数和 Isotonic 回归分别被证明是最好的损失函数和概率校准方

法。具有加权交叉熵损失函数和 Isotonic 回归的不同采样方法的结果如表 6-3 所示。SVMSMOTE 在所有采样方法中具有最高的 AUPRC(0.758)和最低的 ECE(0.015)。SVMSMOTE 的精度为 0.797,召回率为 0.536。虽然一些其他采样方法具有更高的精度或召回率,但由于精度、召回率和 F1 可以通过阈值移动来改变,因此本章选择 SVMSMOTE 作为基于 AUPRC 和 ECE 分数的最佳采样方法。

**表 6-3 不同采样方法与加权交叉熵损失函数和 Isotonic 回归的组合结果**

| 采样方法 | AUPRC | 精确率 | 召回率 | F1 | ECE |
|---|---|---|---|---|---|
| None | 0.745 | 0.785 | 0.587 | 0.654 | 0.019 |
| ROS | 0.733 | 0.787 | 0.570 | 0.648 | 0.020 |
| SMOTE | 0.743 | 0.773 | 0.585 | 0.649 | 0.018 |
| BORDERLINESMOTE | 0.740 | 0.763 | 0.562 | 0.625 | 0.017 |
| SVMSMOTE | 0.758 | 0.797 | 0.536 | 0.622 | 0.015 |
| ADASYN | 0.718 | 0.811 | 0.524 | 0.623 | 0.020 |
| SMOTE-ENN | 0.673 | 0.675 | 0.561 | 0.597 | 0.020 |
| SMOTETOMEK | 0.741 | 0.745 | 0.608 | 0.652 | 0.019 |
| RUS | 0.715 | 0.784 | 0.527 | 0.619 | 0.016 |
| TOMEKLINKS | 0.740 | 0.764 | 0.557 | 0.622 | 0.021 |
| ENN | 0.723 | 0.734 | 0.586 | 0.630 | 0.022 |
| RENN | 0.691 | 0.701 | 0.532 | 0.591 | 0.021 |
| AllKNN | 0.711 | 0.719 | 0.572 | 0.613 | 0.020 |

许多应用程序使用欠采样或过采样在模型训练之前创建精确平衡的数据集。精确平衡抽样是指生成具有相等大小的少数样本和多数样本的数据的抽样。理论上,采样+成本敏感损失函数比单独使用精确平衡抽样更灵活。XGBoost 中的超参数"scale_pos_weight"控制成本敏感损失函数中的少数类权重。当"scale_pos_weight"等于 1 时,采样+成本敏感损失相当于只做 sampling。当采样率等于 1 时,数据在采样后变为精确平衡。图 6-9 显示采样+成本敏感对于过采样、混合采样和 RUS 优于精确平衡采样。由于少数样本量很小,精确平衡 RUS 的 AUPRC 比其他抽样方法差得多。本节不考虑 TOMEKLINKS、ENN、RENN 和 AllKNN,因为它们无法创建精确平衡的数据集。

本章采用 IQR 方法确定 ACR 阈值。本章测试了不同 ACR 阈值对模型评估指标的影响。如表 6-4 所示,当使用较小的 ACR 阈值时,有风险的驾驶员的百分比增加并且评估指标总体上得到改善,这主要是因为数据不平衡。当 ACR 阈值为 0.1 时,失衡比为 1∶2.33,AUPRC 为 0.934;当 ACR 阈值为 0.6 时,失衡比为 1∶64.57,AUPRC 降至 0.553。

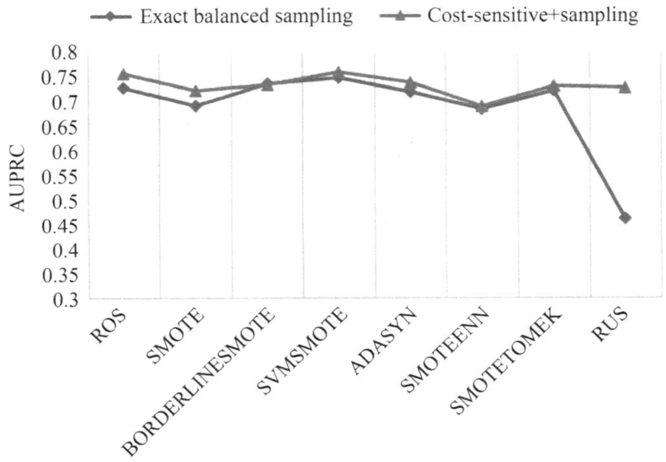


**图 6-9　精确采样与采样+成本敏感损失函数的 AUPRC 比较**

**表 6-4　不同 ACR 阈值的影响**

| ACR 阈值 | 危险驾驶员比例 | AUPRC | 精确率 | 召回率 | F1 |
|---|---|---|---|---|---|
| 0.1 | 30.05% | 0.934 | 0.838 | 0.893 | 0.864 |
| 0.2 | 17.77% | 0.910 | 0.825 | 0.791 | 0.801 |
| 0.3 | 11.09% | 0.807 | 0.756 | 0.743 | 0.741 |
| 0.4 | 6.92% | 0.822 | 0.756 | 0.678 | 0.713 |
| 0.5 | 4.29% | 0.758 | 0.797 | 0.536 | 0.622 |
| 0.6 | 1.53% | 0.553 | 0.628 | 0.400 | 0.447 |

## 6.5　小结

本章提出了一种创新的 AutoML 框架，该框架将采样、成本敏感学习和概率校准与 XGBoost 集成在一起，以识别有风险的驾驶员并解决类不平衡问题。本章发现这种组合比单独使用抽样或成本敏感学习来处理类别不平衡问题更灵活且有效。AutoML 框架可以从 12 种采样方法、2 种成本敏感的 XGBoost 损失函数和 2 种概率校准方法中搜索最佳的类不平衡处理方法。

本章使用车辆轨迹数据来训练危险驾驶员识别模型。根据目标车辆与周围车辆发生追尾碰撞的风险，对危险驾驶员进行标记。识别模型的输入是目标车辆的纵向速度、横向速度以及目标车辆与前车之间的距离的 DFT 系数。

将 AutoML 框架学习到的最优结果与手动搜索结果进行比较。双方都认为 SVMSMOTE 和加权交叉熵在竞争中获胜，但对于哪种概率校准方法最好没有明确的答案。一般来说，Platt scaling 和 Isotonic 回归可以减少预测概率和经验概率之间的误差。然而，当结合 SVMSMOTE 和加权交叉熵时，概率校准方法和无校准方法之间的 AUPRC 差异可以忽略不计。最后，本章选择 Isotonic 回归作为模型训练中使用的概率校准方法，因为它具有最低的 ECE。

与手动搜索相比，AutoML 可以自动找到最佳模型管道和超参数，从而显著节省计算成本。本章的实验中，500 次迭代 AutoML 任务仅需 30 min，是手动搜索所需时间的 2.4%。本章还发现，与单独使用任何类不平衡处理方法相比，采样、成本敏感损失函数和概率校准的集成更加灵活和有效。

本章提出的自动化机器学习框架不仅适用于危险驾驶员的识别，还可以广泛应用于其他存在类别不平衡问题的领域，如疾病诊断、金融欺诈检测、网络入侵检测等。未来的工作将测试所提出的框架在来自各个领域的基准数据集上的性能。

## 参考文献

[1] SHI X, WONG YD, LI MZ-F, et al. A feature learning approach based on XGBoost for driving assessment and risk prediction[J]. Accident; Analysis and Prevention, 2019, 129: 170-179.

[2] CHEN J, WU Z, ZHANG J. Driving safety risk prediction using cost-sensitive with nonnegativity-constrained autoencoders based on imbalanced naturalistic driving data. IEEE Trans. Intell[J]. IEEE Transactions on Intelligent Transportation Systems, 2019, 20(12): 4450-4465.

[3] GALAR M, FERNANDEZ A, BARRENECHEA E, et al. A review on ensembles for the class imbalance problem: Bagging-, boosting-, and hybrid-based approaches[J]. IEEE Transactions on Systems Man and Cybernetics Part C-Applications and Reviews, 2012, 42(4): 463-484.

[4] MCCARTHY K, ZABAR B, WEISS G. Does cost-sensitive learning beat sampling for classifying rare classes? [C]//In Proceedings of the 1st International Workshop on Utility-Based Data Mining. New York, NY, USA: Association for Computing Machinery, 2005: 69-77.

[5] ZHANG J W, LU H J, CHEN W T, et al. A comparison study of cost-sensitive learning and sampling methods on imbalanced datasets. [J]. Advanced Materials Research, 2011, 271-273: 1291-1296.

[6] LE T, VO M T, VO B, et al. A hybrid approach using oversampling technique and cost-sensitive learning for bankruptcy prediction[J]. Complexity, 2019, 2019: 1-12.

[7] PENG Y, LI C, WANG K, et al. Examining imbalanced classification algorithms in predicting real-time traffic crash risk. Accid[J]. Accident; analysis and prevention, 2020, 144: 105610.

[8] CARLOS M R, GONZALEZ L C, WAHLSTROM J, et al. How smartphone accelerometers reveal aggressive Driving Behavior? —The key is the representation. [J] IEEE Transactions on Intelligent Transportation Systems, 2020, 21(8): 3377-3387.

[9] MCGEHEE D V, LEE J D, RIZZO M, et al. Quantitative analysis of steering adaptation on a high performance fixed-base driving simulator[J]. Transportation Research. Part F: Traffic Psychology and Behaviour, 2004, 7(3): 181-196.

[10] BAO S, GUO Z, FLANNAGAN C, et al. Distracted Driving Performance Measures: Spectral Power Analysis[J]. Transportation Research Record, 2015, 2518: 68-72.

[11] WANG Y, BAO S, DU W, et al. A spectral power analysis of driving behavior changes during the transition from nondistraction to distraction[J]. Traffic Injury Prevention, 2017, 18(8): 826-831.

[12] LIN T Y, GOYAL P, GIRSHICK R B, et al. Focal loss for dense object detection[J]. IEEE

Transactions on Pattern Analysis and Machine Intelligence, 2020, 42(2): 318-327.

[13] WANG C, DENG C, WANG S. Imbalance-XGBoost: leveraging weighted and focal losses for binary label-imbalanced classification with XGBoost[J]. Pattern Recognition Letters, 2020, 136: 190-197.

[14] NICULESCU-MIZIL A, CARUANA R. Predicting good probabilities with supervised learning [C]//In Proceedings of the 22nd International Conference on Evaluation and Assessment in Software Engineering 2018. Christchurch, New Zealand: [s. n.], 2018: 625-632.

[15] WALLACE B C, DAHABREH I J. Class probability estimates are unreliable for imbalanced data (and how to fix them)[C]//In Proceedings of the 2012 IEEE 12th International Conference on Data. MiningBrussels, Belgium, 2012: 695-704.

[16] PLATT J C. Probabilistic outputs for support vector machines and comparisons to regularized likelihood methods. In Advances in Large Margin Classifiers; Smola, A., Bartlett, P., Scholkopf, B., Schuurmans, D., Eds.; MIT Press: Cambridge, MA, USA, 1999: 61-74.

[17] ZADROZNY B, ELKAN C. Obtaining calibrated probability estimates from decision trees and naive bayesian classifiers[C]//In Proceedings of the 18th International Conference on Machine Learning. Williamstown, USA: Morgan Kaufmann Publishers Inc., 2001: 609-616.

[18] ZADROZNY B, ELKAN C. Transforming classifier scores into accurate multiclass probability estimates[C]//In Proceedings of the 8th ACM SIGKDD International Conference on Knowledge Discovery and Data Mining, Edmonton, Canada: Association for Computing Machinery, 2002: 694-699.

[19] BERGSTRA J, YAMINS D, COX D D. Making a science of model search: Hyperparameter optimization in hundreds of dimensions for vision architectures[C]//In Proceedings of the 30th International Conference on International Conference on Machine Learning. Atlanta: JMLR. org, 2013: 115-123.

[20] NAEINI M P, COOPER G F, HAUSKRECHT M. Obtaining well calibrated probabilities using bayesian binning[C]//In Proceedings of the AAAI Conference on Artificial Intelligence, Austin, USA, 2015: 2901-2907.

# 第7章

# 不良驾驶行为的风险评估

# 7.1 不良驾驶行为风险识别

## 7.1.1 不良驾驶行为的致灾机理

驾驶行为(Driving Behavior)是由全国科学技术名词审定委员会审定发布的第一批公路交通科技名词,最早出现于1996年发布的第一版《公路交通科技名词》。驾驶行为是驾驶人驾驶经验、驾驶技能、驾驶意图和驾驶决策的一系列综合外在表征。驾驶行为的形成过程可以抽象成由“环境-驾驶人-车辆”组成的驾驶控制模型,如图7-1所示。

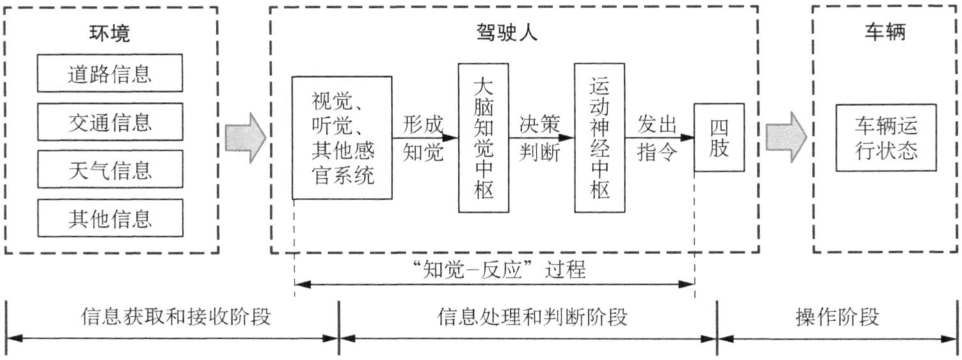


图7-1 驾驶行为形成过程示意图

从图7-1中可以看出,驾驶行为的形成过程主要分成三个阶段。第一个阶段是感知阶段,即信息获取和接收阶段。驾驶员在行驶过程中,首先通过自身的感官系统(主要是视觉、听觉)获取外界环境的信息。第二个阶段是判断决策阶段,即信息处理和判断阶段。驾驶员从外界环境接收信息后形成视觉、听觉等感觉,感觉通过大脑一系列反应形成知觉,传输到大脑知觉中枢产生判断决策。第三个阶段是操作阶段,驾驶员知觉中枢产生的判断决策,通过运动中枢传递到四肢,形成“知觉—反应”过程,从而操作汽车产生一系列驾驶行为。

根据上述分析可知,驾驶行为的形成是信息感知-决策判断-行为操作的连续动态过程,三个阶段紧密相连,相互作用和影响。其中任何一个阶段出现问题都会对下一个阶段的正常进行造成干扰,从而产生连锁反应,最终导致车辆运行状态出现异常。例如,当驾驶人的视线受影响时,接收到错误的信息导致驾驶决策失误,最终导致不良驾驶行为。可以看出,在“环境-驾驶人-车辆”三因素耦合模型中,驾驶人是连接外界环境和车辆的媒介。在驾驶行为三阶段中,驾驶人承担着连接信息获取和反应操作的中间环节。对于驾驶行为最为重要的“知觉—反应”过程也主要出现在第二个阶段,即驾驶人的信息处理和判断阶段。在这一阶段,驾驶人的一系列生理反应极为复杂,同时受驾驶人心理、情绪、驾驶经验、驾驶风格等多种因素耦合作用影响,最终导致驾驶人的判断决策具有极强的主观性和不可预测性。而不良驾驶行为最终是通过车辆的运行状态(车辆的加速度、速度、行驶轨迹等)体现出来的。

道路交通系统可以抽象成一个由单个车辆作为基本运行单元、多个基本单元共同构成的动态平衡的复杂系统。其中,一个运行单元的异常状态,会通过交通流的动态传播效应,在一定时空范围内影响到其他基本单元的运行状态。不良驾驶行为形成,并导致车辆的运行状态异常,这个过程就是风险的产生过程。单个车辆产生的不良驾驶行为导致的风险通过交通流的作用在路段上传递,对周围的车辆而言是安全隐患,这个过程就是风险的传递过程。

### 7.1.2　不良驾驶行为的风险因素识别

根据不良驾驶行为的致灾机理可知,不良驾驶行为的产生是驾驶行为三阶段模型中的其中一环或几环出现异常而导致的连锁反应。而在不良驾驶行为出现后,通过交通流的传播导致风险在路段上传递。因此,传统的风险评估的基本建模单元也应从微观拓展到中观。在以路段场景为基本单元的风险分析的基础上,本书总结了四类会影响路段风险的潜在风险因素。

#### 1. 车辆因素

车辆是道路交通系统中运行的基本单元,也是驾驶行为的载体,驾驶员通过操作车辆来完成各种驾驶行为。车辆类型用以区别车辆的普通特征(如尺寸大小)、功能特性(如客运车辆和货运车辆)等[1],这些特征是影响不良驾驶行为风险特性的重要因素。不同类型的车辆具有不同的动力性能,从而间接影响驾驶员的操作。

行车速度是车辆运行状态最直观的体现,也直接影响不良驾驶行为发生后可能带来的风险后果。相关事故统计数据表明,随着车速的提升,车辆发生碰撞事故的概率和事故的严重程度都会随之增大。

#### 2. 道路因素

道路是道路交通系统的基础,道路类型是反映道路特征最基本的指标,宏观上可将道路类型分为公路和城市道路。道路类型的不同意味着道路的车道数、车辆类型组成、交通流密度的时空分布等一系列因素的差异,从而影响不良驾驶行为的产生与后果。例如,在车道数较少的情况下,频繁变更车道的情况频率会有所降低[2],但是其所产生的风险却不一定会变小,相反,车道数减少导致容错性降低,可能会造成更加严重的后果。

道路线形是路网结构的骨架,本书所讨论的道路线形为平面线形。国内外的众多研究表明,道路线形与交通事故的发生存在着显著关系,大量事故多发地段往往位于线形设计危险的路段[3-4]。从驾驶行为的角度考虑,道路线形对于驾驶人的操作存在着诱导的作用,许多不良驾驶行为的产生与道路线形的诱导作用密切相关。

车道数是反映道路特征的基本指标之一,也是影响不良驾驶行为的重要影响因素。

不同的车道数对于不良驾驶行为的产生和持续时间均有直接影响。通常情况下，在车道数较少的道路上，不良驾驶行为的发生频率比较低。随着车道数的增加，驾驶员对车道的选择也更多，在一定程度上会造成不良换道行为的增加[5]。

### 3. 环境因素

一般来讲，环境因素往往不会直接作用于驾驶行为，而是通过影响驾驶员的心理、情绪和实际操作等间接地对驾驶行为造成影响[3-4]。在自然环境因素中，天气条件是最主要、最直接的影响因素。例如，在雾天条件下，车辆车头时距和车头间距与正常条件相比会有所减小。并且，受低能见度的影响，驾驶员会有减少跟车距离的趋势，极易发生追尾事故[6]。在雨天条件下，驾驶员的视线、车辆轮胎与路面间的摩擦性能等均会受到不同程度的影响[7]，从而间接影响驾驶员的驾驶行为。

除自然环境以外，由周围路段上的车流和交通基础设施组成的交通环境也是影响不良驾驶行为风险的重要因素之一。不良驾驶行为会导致交通流的紊乱，进而造成交通拥挤、交通事故。此过程即风险由点到线的传递过程，交通流在其中起到了介质的作用，同时也影响着风险的演化和传播。

路段周围的土地利用类型会对路段的车流密度、车辆类型以及行人与机动车接触的概率等有影响，因此会对路段的交通安全产生间接作用。例如，有研究表明，商业用地和工业用地与交通事故正相关[8]。因此，在分析不良驾驶行为导致的路段风险时，应将土地利用类型作为一项影响因素考虑。

### 4. 不良驾驶行为因素

不良驾驶行为是多种不同驾驶行为的统称，对于不同类型的驾驶行为，其风险特性也存在着显著差异。例如，近距离跟驰更容易导致追尾事故，而强行插车更容易导致侧向撞击事故。

此外，不良驾驶行为持续时间的长短也会直接影响其危险程度。一般来讲，不良驾驶行为持续的时间越长，发生交通事故的可能性也越大。

## 7.2 不良驾驶行为风险评估指标体系

### 7.2.1 路段风险评估指标体系构建

确定风险评估指标体系是风险评估的基础。在指标的选择上，所选指标要能够尽可能全面地反映评估对象的特性，但同时又要分清主次，有所取舍。本书的研究重点为对产生不良驾驶行为的车辆经过的路段（具体范围为车辆从不良驾驶行为产生到结束所经过的路段）进行风险评估。因此，基于以上场景元素的提取和风险识别的分析，并参考相关文献资料和研究基础，建立不良驾驶行为风险评估指标体系，如图 7-2 所示。构建的风险评估指标体系具有明显的两级层次化结构。第一层级共包含车辆因素、道路特征、环境条件和不良驾驶行为4个对路段风险水平具有明显影响的一级评估指标，在此基础上细分为10个二级评估指标。

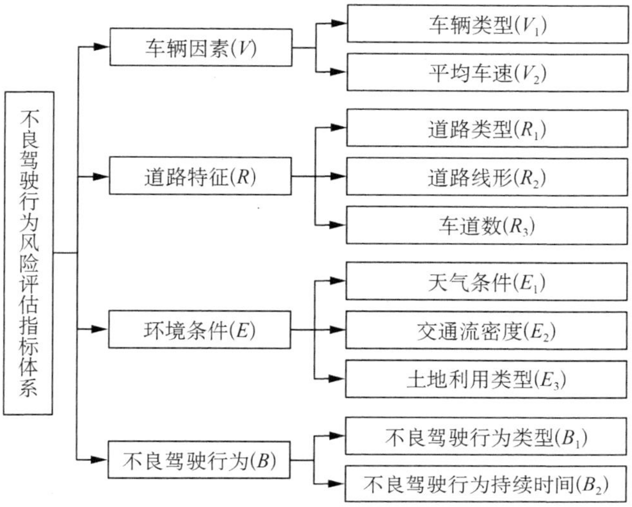


**图7-2　不良驾驶行为风险评估指标体系**

## 7.2.2　路段风险评估指标的量化

由于本书从中观的角度出发，以路段场景为建模对象，因此风险评估指标体系中既包含平均车速、交通流密度等连续型指标，还包括车辆类型、道路类型、天气条件等名义型指标。对于不同的指标需建立一套统一的风险量化标准，为风险评估建立基础。本书主要通过文献调研的方式确定各指标不同分类的取值，作为指标风险量化的依据。量化评分标准为[0，1]，分值越低表示风险越高。

大型车(主要包括大型货车和大型客车)由于其自身体积和重量较大，且刹车性能有限，因此在发生交通事故时往往会造成比较严重的后果。尤其是大型客车，因其载客人数较多，伤亡人数较为集中。统计数据表明，国内重特大交通事故中，大型车辆导致的事故频数约为小型车辆的两倍以上[9]。大型车自身的物理特性，容易发生因视觉盲区而导致的近距离跟驰行为，且其换道行为对交通安全的影响更大，甚至会干扰到小型车驾驶员的驾驶决策[10]。对车辆类型这一风险评估指标进行风险量化评分，结果如表7-1所示。

**表7-1　“车辆类型”风险量化表**

| 风险评估指标 | 元素集 | 量化得分 |
|---|---|---|
| 车辆类型 | 小型车 | 0.6 |
| | 大型车 | 0.4 |

国内外研究均表明，车速对事故发生的概率和事故后果严重程度均有着较大影响。刘志强等[11]指出，随着车速的提高，事故过程中的速度变化越大，造成的事故后果越严重。同时，车速越高，发生死亡事故的概率也越高，撞击速度在 50 km/h 时，事故概率的增长速率最高。澳大利亚的一项研究[12]表明，当平均车速高于 60 km/h，车速每提高 5 km/h，相对事故危险性大约是原来的两倍。由此可见，随着车速的提高，无论是造成事故的概率还是事故的严重程度都会显著提高，从而导致驾驶风险的增大。综上，对平均车速这一风险评估指标进行风险量化评分，结果如表 7-2 所示。

**表 7-2 “平均车速”风险量化表**

| 风险评估指标 | 取值范围 | 量化得分 |
|---|---|---|
| 平均车速/(km·h$^{-1}$) | ≤20 | 0.9 |
| | (20, 40] | 0.8 |
| | (40, 60] | 0.7 |
| | (60, 80] | 0.5 |
| | (80,100] | 0.2 |
| | >100 | 0.1 |

余剑方[13]分析了高速公路和城市道路两种道路场景下变道行为、超车行为、跟车行为等 5 种驾驶行为的驾驶特征分布。结果表明高速公路场景下的行车速度明显高于城市道路场景。王长君等[14]在研究道路因素对交通事故的严重性影响时发现高速公路的追尾事故的死亡率要显著高于城市快速路和一般城市道路。对道路类型这一风险评估指标进行风险量化评分，结果如表 7-3 所示。

**表 7-3 “道路类型”风险量化表**

| 风险评估指标 | 元素集 | 量化得分 |
|---|---|---|
| 道路类型 | 城市道路 | 0.6 |
| | 公路 | 0.4 |

刘强等[15]的研究表明，曲线路段更易诱发侧滑、侧翻和对向碰撞等事故，尤其是在路段视距不良情况下，违法超车行为是交通安全的一大隐患。张玉强等[16]在分析平面线形对驾驶行为的影响时发现，车辆在曲线路段行驶时，更易发生侵占车道和切弯的不良驾驶行为，会增加侧向碰撞的行车风险。张晖[17]研究了关于道路线形对疲劳驾驶的影响。其研究表明，相同疲劳程度的驾驶人在圆曲线路段的车道偏离要大于直线路段。对道路线形这一风险评估指标进行风险量化评分，结果如表 7-4 所示。

**表 7-4 “道路线形”风险量化表**

| 风险评估指标 | 元素集 | 量化得分 |
|---|---|---|
| 道路线形 | 直线路段 | 0.6 |
| | 曲线路段 | 0.4 |

根据美国2013—2015年对追尾事故的统计数据[18]，单车道追尾事故只占总数的4.2%，而双车道的追尾事故占比高达43.6%，之后随着车道数的增加，追尾事故的占比逐渐下降。蔡晓男[19]在对我国2002—2012年的道路交通重特大事故进行统计分析时，关于事故发生率在不同车道上的统计规律与上述研究结论相似，双车道和四车道的事故占比分别为37.3%和39.8%。对车道数这一风险评估指标进行风险量化评分，结果如表7-5所示。

**表7-5 "车道数"风险量化表**

| 风险评估指标 | 元素集 | 量化得分 |
|---|---|---|
| 车道数 | 单车道 | 0.6 |
| | 双车道 | 0.4 |
| | 双车道以上 | 0.5 |

张旭欣[20]的研究表明，与晴天水平相比，在较低的能见度条件下，驾驶人的跟车车距和侧向偏移有显著的差异，且驾驶人的避撞反应时间明显小于晴天，驾驶人发生追尾风险的概率更高。对天气条件这一风险评估指标进行风险量化评分，结果如表7-6所示。

**表7-6 "天气条件"风险量化表**

| 风险评估指标 | 元素集 | 量化得分 |
|---|---|---|
| 天气条件 | 晴天 | 0.8 |
| | 阴天 | 0.6 |
| | 雾天 | 0.4 |

交通流的特性可以通过交通流基本参数(速度、密度和流量)来表示。除了使用交通流基本三参数来表征交通状态，还可以通过三相交通流理论将交通流分为自由流、拥挤流和阻塞流[21]。在自由流状态下，车辆数量较少，车辆行驶自由度较高；拥挤流状态下，车辆的行驶状态受到一定的约束，但仍能保持较为稳定地运行；在阻塞流状态下，车辆行驶受周围车辆制约较大，车速变化波动较大，车辆运行状态稳定性较差。通过参考相关文献[22,23]，将交通流密度作为交通流状态的划分依据并对其进行风险评估量化评分，结果如表7-7所示。

**表7-7 "交通流密度"风险量化表**

| 风险评估指标 | 取值范围 | 量化得分 |
|---|---|---|
| 交通流密度/[veh·(km·lane)$^{-1}$] | ≤7(自由流状态) | 0.8 |
| | (7, 20](拥挤流状态) | 0.6 |
| | >20(阻塞流状态) | 0.4 |

土地利用度交通安全的作用机制主要体现在影响区域内的行人行为模式和交通流量。在公共设施较为完善的区域，人口密度大，机动车流量也较大，增加了机动车与行人碰撞的概率[24]。WIER等[25]的研究表明，商业区和住宅区对机动车-行人碰撞事故的增

加具有显著影响。对土地利用类型这一风险评估指标进行风险量化评分，结果如表 7-8 所示。

表 7-8 “土地利用类型”风险量化表

| 风险评估指标 | 元素集 | 量化得分 |
|---|---|---|
| 土地利用类型 | 工业用地 | 0.5 |
| | 商业用地 | 0.4 |
| | 居住用地 | 0.4 |

从不良驾驶行为导致的事故形态来看，跟驰行为主要导致纵向碰撞事故(主要是追尾事故)，而换道和超车行为主要导致侧向碰撞事故[26]。统计数据表明，追尾事故的致死率约为侧向碰撞事故的两倍以上[27]。杜殿虎[28]根据不良驾驶行为导致的风险后果，将不良驾驶行为分为引发交通事故的行为、导致交通冲突的行为和影响交通运行的行为。其中，不良超车和近距离跟驰属于引发事故的不良驾驶行为，而不良换道属于导致交通冲突的不良驾驶行为。对不良驾驶行为类型这一风险评估指标进行风险量化评分，结果如表 7-9 所示。

表 7-9 “不良驾驶行为类型”风险量化表

| 风险评估指标 | 元素集 | 量化得分 |
|---|---|---|
| 不良驾驶行为类型 | 不良换道 | 0.6 |
| | 不良超车 | 0.5 |
| | 近距离跟驰 | 0.4 |

不良驾驶行为的持续时间越长，其影响的路段范围越大，事故发生的概率也越大。根据对采集的数据中不良驾驶行为的持续时间进行统计分析，将不良驾驶行为持续时间这一风险评估指标进行风险量化评分，结果如表 7-10 所示。

表 7-10 “不良驾驶行为持续时间”风险量化表

| 风险评估指标 | 取值范围 | 量化得分 |
|---|---|---|
| 不良驾驶行为持续时间/s | $\leqslant 5$ | 0.8 |
| | $(5,10]$ | 0.6 |
| | $>10$ | 0.4 |

## 7.2.3 路段风险评估指标权重分配

### 1. 基于熵值法的风险评估指标赋权

熵值法是一种客观确定指标权重的方法，其原理是通过计算各项指标的实际观测值所提供的信息大小来决定指标的贡献程度，即权重。熵是信息论中对信息无序度的一种度量。指标包含的信息价值越高、无序度越小,熵值也就越小,其在指标体系中的权重也就应该越大。通过熵值法进行不良驾驶行为风险评估指标权重分配的具体步骤如下。

假设包含 $m$ 个评价对象和 $n$ 个评价指标的数据评价矩阵 $\mathbf{A}$ 如下:

$$\mathbf{A}=\begin{bmatrix} x_{11} & \cdots & x_{1m} \\ \vdots & & \vdots \\ x_{n1} & \cdots & x_{nm} \end{bmatrix}$$

式中,$x_{ij}$ 表示第 $i$ 个评价对象在第 $j$ 个评价指标上的观测值。

计算第 $j$ 个指标的第 $i$ 个对象在该项指标中的占比 $P_{ij}$,如式(7-1)所示。

$$P_{ij}=\frac{x_{ij}}{\sum_{i=1}^{m} x_{ij}},\ i=1,\ 2,\ \cdots,\ n;\ j=1,\ 2,\ \cdots,\ m \tag{7-1}$$

计算第 $j$ 个指标的熵值 $e_j$,如式(7-2)所示。

$$e_j=-k\sum_{i=1}^{m} P_{ij}\cdot \ln(P_{ij}) \tag{7-2}$$

式中,常数 $k>0$,且 $k$ 与评价对象的数量 $m$ 有关,一般取 $k=1/\ln(m)$。

$x_{ij}$ 差异越大,则熵值 $e_j$ 越小,表明信息的无序度越小,对于评价对象的价值越高,因此所占的权重也应该越高。用差异系数 $d_j$ 表示第 $j$ 个指标的效用价值,如式(7-3)所示。

$$d_j=1-e_j \tag{7-3}$$

最后,计算第 $j$ 个指标的权重 $W_j$,如式(7-4)所示。

$$W_j=\frac{d_j}{\sum_{j=1}^{n} d_j} \tag{7-4}$$

从无人机高空定点采集的视频数据中提取并辨识出的不良驾驶行为中选取 25 个路段场景作为风险评估指标权重分配的依据。

经过式(7-1)~式(7-4)计算得到的各风险评估指标权重如表 7-11 所示。

**表 7-11 熵值法计算得到的风险评估指标权重**

| 指标 | $e_j$ | $d_j$ | $W_j$ |
|---|---|---|---|
| 车辆类型 $V_1$ | 0.997 | 0.003 | 0.106 |
| 平均车速 $V_2$ | 0.997 | 0.003 | 0.115 |
| 道路类型 $R_1$ | 0.995 | 0.005 | 0.197 |
| 道路线形 $R_2$ | 0.997 | 0.003 | 0.106 |
| 车道数 $R_3$ | 0.998 | 0.002 | 0.057 |
| 天气条件 $E_1$ | 0.998 | 0.002 | 0.056 |

（续表）

| 指标 | $e_j$ | $d_j$ | $W_j$ |
|---|---|---|---|
| 交通流密度 $E_2$ | 0.998 | 0.002 | 0.074 |
| 土地利用类型 $E_3$ | 0.998 | 0.002 | 0.070 |
| 不良驾驶行为类型 $B_1$ | 0.997 | 0.003 | 0.114 |
| 不良驾驶行为持续时间 $B_2$ | 0.997 | 0.003 | 0.105 |

由熵值法的原理可知，熵值法作为一种客观赋权法，计算得到的指标权重完全反映了样本数据的变异程度，可信度较高。但同时受限于样本数据中指标特征的分布情况，熵值法会忽略指标本身的重要程度。因此，本书在采用熵值法确定指标权重的同时，引入层次分析法对权重的分配进行修正。

### 2. 基于层次分析法的风险评估指标赋权

层次分析法是 T. L. Saaty 于 20 世纪 70 年代提出的一种定性和定量分析相结合的多准则综合决策方法。层次分析法的核心思想是在对研究对象的本质、影响因素等充分了解的基础上，建立一个递阶层次结构模型，将与研究对象的相关的内容转化为层级结构中的目标、准则、方案等不同层次，再根据研究人员的主观评价，将不同层级对研究目标的影响量化，从而得到最终决策。

应用层次分析法时，首先要将研究的问题层次化，即建立递阶层次结构模型。本书的研究目标是不良驾驶行为的风险评估，因此在对应的层次分析法结构中，目标层为不良驾驶行为风险评估，准则层为一级风险评估指标，指标层为一级评估指标下对应的二级评估指标。相应的层次分析法递阶层次结构模型可用图 7-3 表示。

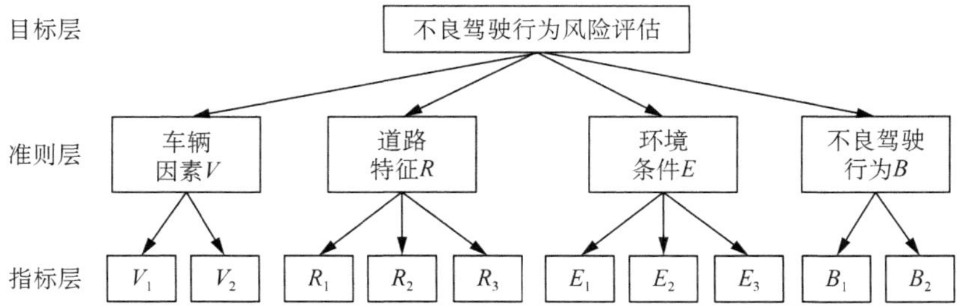


图 7-3　风险评估递阶层次结构模型

利用层次分析法进行风险评估指标的权重分配步骤如下。

(1) 构造判断矩阵。

建立层次结构模型之后，需对各层次间因素的相对重要性作出两两比较，构建判断矩阵。假设上一层的元素 $K$ 对下一层的元素 $N_1$，$N_2$，…，$N_n$ 有支配作用，以 $K$ 为准则，构建判断矩阵 $\boldsymbol{M}=(m_{ij})_{(n\times n)}$。其中 $m_{ij}$ 表示元素 $i$ 相对于元素 $j$ 对 $K$ 的重要性。判断矩阵 $\boldsymbol{M}$ 的一般形式如下：

| K | $N_1$ | $N_2$ | $\cdots$ | $N_n$ |
|---|---|---|---|---|
| $N_1$ | $m_{11}$ | $m_{12}$ | $\cdots$ | $m_{1n}$ |
| $N_2$ | $m_{21}$ | $m_{22}$ | $\cdots$ | $m_{2n}$ |
| $\vdots$ | $\vdots$ | $\vdots$ | $\vdots$ | $\vdots$ |
| $N_n$ | $m_{n1}$ | $m_{n2}$ | $\cdots$ | $m_{n3}$ |

从矩阵 $\boldsymbol{M}$ 的形式可以看出，所有的判断矩阵均为正反矩阵。

以目标层对准则层的支配为例，通过专家咨询打分的方式，利用 1—9 标度表获得准则层 5 个风险影响因素对不良驾驶行为风险评估的相对重要值，构建相应的判断矩阵 $\boldsymbol{G}$：

$$\boldsymbol{G}=\begin{bmatrix}1 & 1 & 3 & 1/2\\ 1 & 1 & 1 & 1/2\\ 1/3 & 1 & 1 & 1/3\\ 2 & 2 & 3 & 1\end{bmatrix}$$

同理可以得到准则层中的车辆因素 $V$、道路特征 $R$、环境条件 $E$ 和不良驾驶行为 $B$ 对其各自支配的指标层因素的两两比较判断矩阵，分别为 $\boldsymbol{G}_1$、$\boldsymbol{G}_2$、$\boldsymbol{G}_3$ 和 $\boldsymbol{G}_4$。

$$\boldsymbol{G}_1=\begin{bmatrix}1 & 1/3\\ 3 & 1\end{bmatrix}$$

$$\boldsymbol{G}_2=\begin{bmatrix}1 & 1/3 & 3\\ 3 & 1 & 5\\ 1/3 & 1/5 & 1\end{bmatrix}$$

$$\boldsymbol{G}_3=\begin{bmatrix}1 & 1/2 & 3\\ 2 & 1 & 5\\ 1/3 & 1/5 & 1\end{bmatrix}$$

$$\boldsymbol{G}_4=\begin{bmatrix}1 & 3\\ 1/3 & 1\end{bmatrix}$$

(2) 一致性检验。

判断矩阵需满足一致性的要求。矩阵的一致性检验是对建立判断矩阵时的思维一致性的度量，以防出现互相矛盾的结果。如式(7-5)所示，判断矩阵的一致性可以通过一致性比率 $CR$ 来检验：

$$CR=\frac{CI}{RI} \tag{7-5}$$

式中　$CI$ ——判断矩阵的一致性指标，且 $CI=(\lambda_{\max}-n)/(n-1)$，$\lambda_{\max}$ 为判断矩阵的最大特征根，$n$ 是判断矩阵的阶数；

$RI$ ——平均随机一致性指标，对于 1—9 阶的判断矩阵，$RI$ 可通过查表 7-12 获得。

表 7-12 1—9 阶判断矩阵平均随机一致性指标

| 阶数 | 1 | 2 | 3 | 4 | 5 | 6 | 7 | 8 | 9 |
|---|---|---|---|---|---|---|---|---|---|
| ***RI*** | 0 | 0 | 0.58 | 0.90 | 1.12 | 1.24 | 1.32 | 1.41 | 1.45 |

当 $CR < 0.10$ 时，认为判断矩阵满足一致性的要求。由于判断矩阵皆为正反矩阵，因此一阶、二阶的判断矩阵皆满足一致性的要求。对于判断矩阵 $\boldsymbol{G}$、$\boldsymbol{G}_1$、$\boldsymbol{G}_2$、$\boldsymbol{G}_3$ 和 $\boldsymbol{G}_4$，一致性检验的结果如表 7-13 所示。

表 7-13 判断矩阵一致性检验结果

| | $\boldsymbol{G}$ | $\boldsymbol{G}_1$ | $\boldsymbol{G}_2$ | $\boldsymbol{G}_3$ | $\boldsymbol{G}_4$ |
|---|---|---|---|---|---|
| $\lambda_{max}$ | 4.117 | 2 | 3.039 | 3.004 | 2 |
| $CI$ | 0.039 | 0 | 0.019 | 0.002 | 0 |
| $RI$ | 0.900 | 0 | 0.580 | 0.580 | 0 |
| $CR$ | 0.043 | — | 0.033 | 0.003 | — |

根据计算结果可知，判断矩阵 $\boldsymbol{G}$、$\boldsymbol{G}_1$、$\boldsymbol{G}_2$、$\boldsymbol{G}_3$ 和 $\boldsymbol{G}_4$ 皆满足一致性的要求。

(3) 层次单排序。

层次单排序是根据判断矩阵计算被上一层元素所支配的元素的相对重要性大小，可通过计算判断矩阵最大特征根所对应的特征向量。以判断矩阵 $\boldsymbol{G}$ 为例，首先计算每一行的元素的乘积并取 $n$ 次方根(对于 $G$，$n=4$)，得到向量 $\dot{\boldsymbol{W}}$：

$$\dot{\boldsymbol{W}}=[1.107 \quad 0.841 \quad 0.577 \quad 1.861]^{\mathrm{T}}$$

对向量 $\dot{\boldsymbol{W}}$ 进行归一化处理即得到最大特征根所对应的特征向量 $\boldsymbol{W}$：

$$\boldsymbol{W}=[0.252 \quad 0.192 \quad 0.132 \quad 0.424]^{\mathrm{T}}$$

同理，可得到判断矩阵 $\boldsymbol{G}_1$、$\boldsymbol{G}_2$、$\boldsymbol{G}_3$ 和 $\boldsymbol{G}_4$ 的最大特征根所对应的特征向量 $\boldsymbol{W}_1$、$\boldsymbol{W}_2$、$\boldsymbol{W}_3$ 和 $\boldsymbol{W}_4$：

$$\boldsymbol{W}_1=[0.250 \quad 0.750]$$
$$\boldsymbol{W}_2=[0.258 \quad 0.637 \quad 0.105]$$
$$\boldsymbol{W}_3=[0.309 \quad 0.582 \quad 0.109]$$
$$\boldsymbol{W}_4=[0.750 \quad 0.250]$$

(4) 层次总排序。

通过逐层计算各层元素的相对重要性大小，可得到最底层元素对顶层目标的权值大小，即风险评估指标的权重大小，即风险评估指标的权重 $W_j'$，结果如表 7-14 所示。

表 7-14　层次分析法计算得到的风险评估指标权重

| 风险评估指标 | **V** | **R** | **E** | **B** | $W'_j$ |
|---|---|---|---|---|---|
| | **0.252** | **0.192** | **0.132** | **0.424** | |
| 车辆类型 $V_1$ | 0.250 | 0.000 | 0.000 | 0.000 | 0.063 |
| 平均车速 $V_2$ | 0.750 | 0.000 | 0.000 | 0.000 | 0.189 |
| 道路类型 $R_1$ | 0.000 | 0.258 | 0.000 | 0.000 | 0.050 |
| 道路线形 $R_2$ | 0.000 | 0.637 | 0.000 | 0.000 | 0.122 |
| 车道数 $R_3$ | 0.000 | 0.105 | 0.000 | 0.000 | 0.020 |
| 天气条件 $E_1$ | 0.000 | 0.000 | 0.309 | 0.000 | 0.041 |
| 交通流密度 $E_2$ | 0.000 | 0.000 | 0.582 | 0.000 | 0.077 |
| 土地利用类型 $E_3$ | 0.000 | 0.000 | 0.109 | 0.000 | 0.014 |
| 不良驾驶行为类型 $B_1$ | 0.000 | 0.000 | 0.000 | 0.750 | 0.318 |
| 不良驾驶行为持续时间 $B_2$ | 0.000 | 0.000 | 0.000 | 0.250 | 0.106 |

### 3. 风险评估指标权重修正

由上述分析可知，熵值法和层次分析法作为客观赋权法和主观赋权法的代表性评价方法，各有优势和劣势。熵值法完全反映数据本身的差异性所体现的效用价值，结果真实客观；但其完全依赖样本数据，受数据结构和样本多样性的影响较大。层次分析法反映了风险评估指标的层次性结构特征，且将专家经验引入到权重计算中，能够弥补样本数据限制而带来的不足。因此，通过层次分析法修正的熵值法赋权结果使风险评估指标的权重分配更加全面、准确。

利用式(7-6)对风险评估指标进行修正：

$$\bar{W}_j = \varphi \cdot W_j + (1-\varphi) \cdot W'_j \tag{7-6}$$

式中　$\bar{W}_j$ ——修正后的指标权重；

$\varphi$ ——修正系数，取值范围[0, 1]，本书中 $\varphi = 0.6$。

计算结果如表 7-15 所示。

表 7-15　修正后的风险评估指标权重

| 风险评估指标 | $W_j$ | $W'_j$ | $\bar{W}_j$ |
|---|---|---|---|
| 车辆类型 $V_1$ | 0.106 | 0.063 | 0.089 |
| 平均车速 $V_2$ | 0.115 | 0.189 | 0.145 |
| 道路类型 $R_1$ | 0.197 | 0.050 | 0.138 |
| 道路线形 $R_2$ | 0.106 | 0.122 | 0.112 |

（续表）

| 风险评估指标 | $W_j$ | $W'_j$ | $\bar{W}_j$ |
|---|---|---|---|
| 车道数 $R_3$ | 0.057 | 0.020 | 0.042 |
| 天气条件 $E_1$ | 0.056 | 0.041 | 0.050 |
| 交通流密度 $E_2$ | 0.074 | 0.077 | 0.075 |
| 土地利用类型 $E_3$ | 0.070 | 0.014 | 0.048 |
| 不良驾驶行为类型 $B_1$ | 0.114 | 0.318 | 0.196 |
| 不良驾驶行为持续时间 $B_2$ | 0.105 | 0.106 | 0.105 |

从表 7-15 中可知，对不良驾驶行为导致路段风险水平影响最大的三个因素分别为不良驾驶行为类型(19.6%)、平均车速(14.5%)和道路类型(13.8%)，三者合计约占总权重的一半(47.9%)。

## 7.3 不良驾驶行为综合风险评估模型

### 7.3.1 单个路段场景的风险等级评价

#### 1. 模糊综合评价法

在客观世界中，许多现象带有不确定的性质，一些概念或现象的内涵和外延并没有清晰的边界，这些没有明确界定的现象被称为模糊现象。在对事物进行评价或评判时，人们往往难以直接做出如“好”或“坏”，“安全”或“危险”这样指向性极为明确的评价。因为在“安全”和“危险”之间存在着不同程度的过渡阶段，这表明对该事物的评价存在一定的模糊性。这种不同程度的模糊性可以通过模糊语言来进行表示。例如，在对学生的考试成绩进行评价时，可能会采用这样的一组模糊语言{“优秀”,“良好”,“及格”,“不及格”}。这种模糊语言的特点是没有绝对清晰的边界划分，且评价语言之间体现了一定的递进关系，这种关系可以是正向的，也可以是负向的。具有这种模糊概念的现象被称为模糊现象。

模糊综合评价是以模糊数学为基础，利用数学工具解决模糊现象的方法。具体来讲模糊综合评价就是通过模糊数学的方法，对现实生活中存在着复杂关系、边界不清晰、概念模糊的事物进行定量化的综合评价的一种方法。该方法的优点是数学模型简单，适应性较广。适用于多指标、多因素共同影响的模糊现象，在安全评价、风险评估等工程领域有着极为广泛的应用[29-32]。

模糊综合评价的实现原理和评价过程如下。

首先，根据经验和相关研究资料，建立对评价对象的因素集 $U$ 和评语集 $V$：

$$U=\{u_1, u_2, \cdots, u_i, \cdots, u_m\}$$
$$V=\{v_1, v_2, \cdots, v_j, \cdots, v_n\}$$

式中　$m$ ——对综合评价有关的影响因素的数量，即评价指标的数量；

$n$ ——对该模糊现象做出的评价的数量，即评价等级的数量。

针对 $m$ 个评价因素对 $n$ 个评价等级的隶属度，构建模糊关系矩阵 $\boldsymbol{R}$：

$$\boldsymbol{R}=r_{ij\,(m\times n)}=\begin{bmatrix} r_{11} & r_{12} & \cdots & r_{1n} \\ r_{21} & r_{22} & \cdots & r_{2n} \\ \vdots & \vdots & & \vdots \\ r_{m1} & r_{m2} & \cdots & r_{mn} \end{bmatrix}$$

式中，$r_{ij}$ 表示评价因素 $u_i$ 在评价等级 $v_j$ 上的隶属度。一般将其归一化使得 $\sum r_{ij}=1$。

获得模糊关系矩阵 $\boldsymbol{R}$ 后，还需对各评价因素的相对重要性大小作出判断，得出评价因素权重分配集 $A$，$A=(a_1, a_2, \cdots, a_i, \cdots, a_m)$，其中 $a_i$ 表示评价因素 $u_i$ 在因素集中所占比重。

利用权向量 $A$ 对模糊关系矩阵进行模糊合成运算，得到评价目标在各评价等级上的隶属程度模糊子集 $B$，$B=A*R=(b_1, b_2, \cdots, b_j, \cdots, b_n)$，其中 $b_j$ 表示评价目标在评价等级 $v_j$ 上的隶属度。$*$ 为合成运算符号，一般有查得算子，普通矩阵乘法等不同的模糊合成运算方法。

根据最大隶属度原则，获得最终评价结果，$b_j$ 中最大者即评价目标的评价等级。

**2. 云模型理论**

云模型是实现定性概念和定性数值之间相互转化的模型。云模型以概率论和传统模糊集理论为基础，反映事物间模糊性和随机性的关联，从而构成定性概念和定量分析之间的映射[33]。

设 $U$ 是一个包含精确数值的定量论域，$C$ 是 $U$ 上的定性概念，若定量值 $x\in U$ 是通过定性概念 $C$ 的一次随机实现，且 $x$ 对于 $C$ 的确定度 $\mu(x)\in[0, 1]$ 具有稳定的随机倾向性，如式(7-7)所示：

$$\mu: U\rightarrow[0, 1], \ \forall x\in U, x\rightarrow\mu(x) \tag{7-7}$$

那么，称 $x$ 在论域 $U$ 上的分布为云，每一个 $x$ 就称为一个云滴[33]。

由云模型的概念可知，云由云滴组成，每一个云滴就是定性概念在论域空间的一个定量映射。

(1) 云数字特征。

云模型的整体概念由三个数字特征来表征，分别为期望 $E_x$ 、熵 $E_n$ 和超熵 $H_e$，被称为云数字特征。云数字特征示意如图 7-4 所示。

期望 $E_x$：表示云滴在论域空间分布的中心值，是最能反映其代表的定性概念的云数字特征。

熵 $E_n$：表示对定性概念不确定性的度量。不确定性的度量包含了两个方面，一个是随机性，反映了云滴的离散程度；另一个是模糊性，反映了论域空间中可被定性概念接受的云滴的取值范围，即该定性概念可被度量的范围。一般来讲，熵越大，云滴的取值范围越大，定性概念的模糊性越强。

超熵 $H_e$：超熵是熵的熵，表示对熵的不确定性的度量，反映了不确定性的凝聚度，间接反映了云滴的厚度，超熵的值越大，云滴的厚度越大。超熵也反映了定性概念随机性和模糊性的之间的关联。

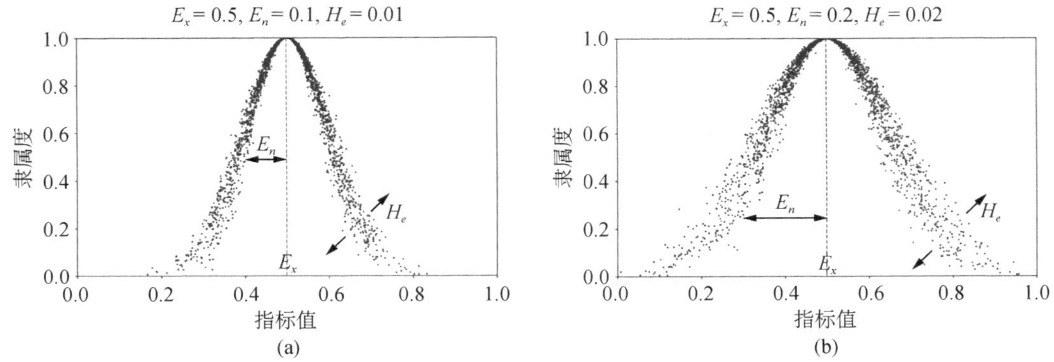


**图 7-4　云数字特征示意图**

（2）云发生器。

云发生器是云模型理论的关键，其实质是实现定向概念与定量数值之间相互转化的算法[33]。如图 7-5 所示，云发生器可分为正向云发生器和逆向云发生器。正向云发生器能够实现定性概念向定量数值的转化，即由固定的云数字特征生成一组云滴，云滴组成云；逆向云发生器能够实现定量数值向定性概念的转化，即通过一定数量的云滴得到表征该组云滴特征的一组云数字特征（$E_x$，$E_n$，$H_e$）。

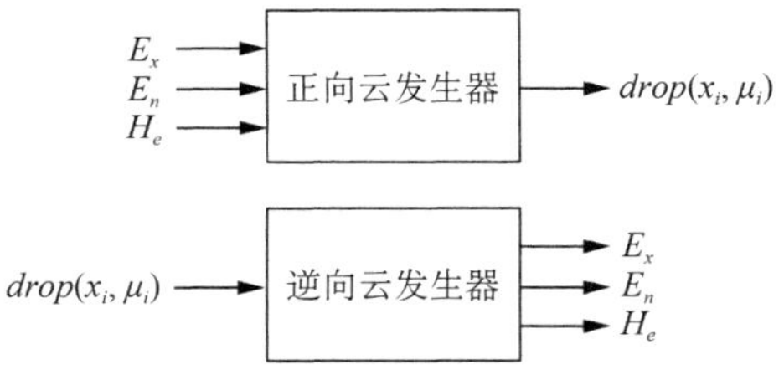


**图 7-5　正向云发生器和逆向云发生器**

### 3. 基于云-模糊综合评价的风险等级模型

风险作为对事物损失的不确定性的度量，其概念本身就带有一定的模糊性。通过前几章的分析可知，由不良驾驶行为导致的路段风险水平的高低受车辆因素、道路特征、天气条件、交通环境等多方面因素共同影响，其风险水平的高低难以通过某一特定的指标进行精准的定义和界限划分。因此，模糊综合评价对于不良驾驶行为导致的路段风险评估有良好的适用性。

模糊集合论是模糊综合评价的核心。在模糊集合论中，集合中元素对该集合的隶属度可用隶属度函数来确定，取值范围为[0，1]，使得模糊性可以由区间[0，1]来表示。但是，传统的模糊综合评价中隶属度为精确的数值，使得原本具有模糊性和随机性的问题确定化。因此，在模糊综合评价的基础上结合云模型理论，将精确的数值拓展为一组具有一定变化特征的随机数，即为云滴。通过这一组云滴来整体反映隶属度，而不是一个精确的数值。

正态云模型是以正态分布和正态隶属度函数为基础建立的云模型，由于正态分布在自然科学、社会科学和工程领域的普遍性使得其成为云模型最重要的一种类型。正态云模型定义如下：设 $U$ 是一个包含精确数值的定量论域，$C$ 是 $U$ 上的定性概念，定量值 $x \in U$ 是通过定性概念 $C$ 的一次随机实现，若 $x$ 满足 $x \sim N(E_x, E'^2_n)$，其中 $E_n \sim N(E_n, H_e{}^2)$，且 $x$ 对 $C$ 的确定度满足：$\mu(x) = \exp((x - E_x)^2 / 2E'^2_n)$，则 $x$ 在 $U$ 上的分布称为正态云[34]。正态云模型的生成算法如下。①输入云数字特征 $(E_x, E_n, H_e)$，生成以 $E_n$ 为期望，$H_e$ 为标准差的正态随机数 $E'_n$；②生成以 $E_x$ 为期望，$E'_n$ 为标准差的正态随机数 $x_i$，$x_i$ 即定性概念 $C$ 的一次随机实现具体值；③计算 $y_i = \exp((x_i - E_x)^2 / 2E'^2_n)$，$y_i$ 即为 $x_i$ 对定性概念 $C$ 的确定度，$(x_i, y_i)$ 即为一个云滴；④重复上述过程，直到生成 $n$ 个云滴。

综上所述，本书采用以正态云模型为基础的云-模糊综合评价来构建单个路段场景不良驾驶行为风险等级评价模型。

(1) 建立因素集和评语集。

基于本书构建的不良驾驶行为风险评估指标体系，建立因素集 $U$：

$$U = \{V_1, V_2, R_1, R_2, R_3, E_1, E_2, E_3, B_1, B_2\}$$

将不良驾驶行为的风险等级由低到高划分为5个等级，分别为Ⅰ级(极低风险)，Ⅱ级(低风险)，Ⅲ级(中风险)，Ⅳ级(高风险)和Ⅴ级(极高风险)。建立评语集 $V$：

$$V = \{ \text{Ⅰ}, \text{Ⅱ}, \text{Ⅲ}, \text{Ⅳ}, \text{Ⅴ} \}$$

(2) 确定评价等级云。

通过隶属度获得的一组云滴可由逆向云发生器生成用期望 $E_x$、熵 $E_n$ 和超熵 $H_e$ 三个数字特征表示的隶属云。云模型的数字特征可通过式(7-8)计算：

$$\begin{cases} E_x = \dfrac{C_{\max} + C_{\min}}{2} \\ E_n = \dfrac{C_{\max} - C_{\min}}{6} \\ H_e = s \end{cases} \tag{7-8}$$

式中 $C_{\max}$ 和 $C_{\min}$——分别为某一等级指标的最大值与最小值；

$s$——常数。

对于评语集 $V$，将评价等级的划分范围定为 $[0, 1]$ 的取值范围，以中心点 0.5 作为Ⅲ级风险“中风险”的期望 $E_x$，按照黄金分割的云生成法则[35]，并结合式(7-8)计算得到各风险等级的评价等级云 $C_{rl} = (E_{xl}, E_{nl}, H_{el})(l = 1 \cdots 5)$ 的数字特征如表 7-16 所示。

表 7-16　风险等级云数字特征

| 风险等级 | 描述 | 云数字特征($E_x$, $E_n$, $H_e$) | $x$ 轴范围 |
|---|---|---|---|
| Ⅰ级 | 极低风险 | (1, 0.103, 0.013 1) | [1, 0.691] |
| Ⅱ级 | 低风险 | (0.691, 0.064, 0.008 1) | [0.883, 0.499] |
| Ⅲ级 | 中风险 | (0.5, 0.031, 0.005) | [0.593, 0.407] |
| Ⅳ级 | 高风险 | (0.309, 0.064, 0.008 1) | [0.501, 0.117] |
| Ⅴ级 | 极高风险 | (0, 0.103, 0.013 1) | [0.309, 0] |

采用正向发生器，生成 2 000 个云滴，得到风险等级评价状态云图如图 7-6 所示。

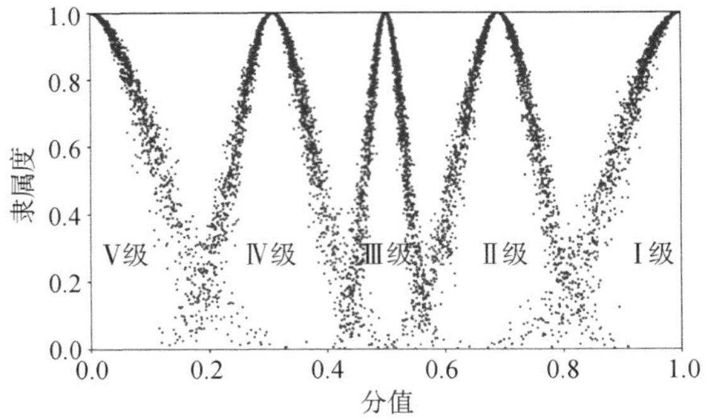


图 7-6　风险等级评价状态云图

(3) 确定评价场景云。

对于路段场景 $i$，其风险状态可由一个对应的评价场景云 $C_{si}$ 确定。评价场景云反映了从因素集 $U$ 出发，研究对象在评语集 $V$ 中风险等级的隶属状态。其可通过权向量 $\bar{W}$ 和因素集隶属云 $C_{mi}$ 通过模糊合成运算得到，如式(7-9)所示。

$$C_{si} = \bar{W} * C_{mi} = (E_{xi}, E_{ni}, H_{ei}) \tag{7-9}$$

式中　$\bar{W}$ ——由风险评估指标的权重得到的因素集 $U$ 上的模糊权向量；

$C_{mi}$ ——因素集隶属云，可根据因素集 $U$ 中各评估指标的隶属度通过正向云发生器生成云滴，再由逆向云发生器获得各隶属云的云数字特征；

$*$ ——为模糊合成算子，这里的合成算子取加权平均算子。

(4) 确定风险等级。

根据向量的相似性度量原理，将评价场景云 $C_{si}$ 与评价等级云 $C_{rl}$ 的之间的欧氏距离定义为云距离，计算 $C_{si}$ 与 $C_{rl}$ 之间的欧氏距离，如式(7-10)所示。

$$D = \sqrt{(E_{xi} - E_{xl})^2 + (E_{ni} - E_{nl})^2 + (H_{ei} - H_{el})^2} \tag{7-10}$$

距离越小，表明二者的相似度越大，根据最大相似度原则，即可得到评价场景的风险等级。

### 7.3.2　多个路段场景的风险关联序构建

#### 1. 灰色关联度分析

在控制论中，信息的明确程度常用颜色来表示。“黑”表示信息完全未知，“白”表示信息完全明确。而介于二者间的“灰”表示信息部分明确。灰色系统是介于信息完全已知的白色系统和信息完全未知的黑色系统之间的一种中介系统。

灰色系统理论是我国邓聚龙教授提出[36-37]。灰关联度分析以灰色系统理论为基础，对于处理数据量较少的“贫信息”系统具有良好的适用性[38]。

在现实生活中，在多因素耦合作用影响下，不同研究对象之间的关系是灰色的，即信息量不明确的。在这种情况下，无法确定哪些研究对象之间的联系更为紧密。关联度是用来表示二者之间关联程度的度量。灰色关联度分析就是一种用来描述研究对象间关系强弱、次序的一种多因素分析方法[38]。

灰色关联度分析的基本思路如下：将不同研究对象在各项影响因素下的表现定量化地描述为一系列数据列，称为比较数列 $X_i$；根据研究对象和影响因素的特点，构造一列作为理想研究对象的数据列，称为参考数列 $X_0$；通过比较 $X_i$ 和 $X_0$ 在几何上的相似程度，获得各研究对象对理想对象的接近次序从而得到研究对象之间的关联度，这种次序也被称为关联序。从实质上看，灰色关联度分析属于几何学范畴。不同研究对象之间的联系紧密程度是通过比较不同数据列的曲线在几何形状上的相似程度而得到。以图 7-7 为例，曲线 1 与曲线 2 的几何形状更接近，而与曲线 3 的几何形状相差较远，因此曲线 1 与曲线 2 的关联度更大，与曲线 3 的关联度较小。

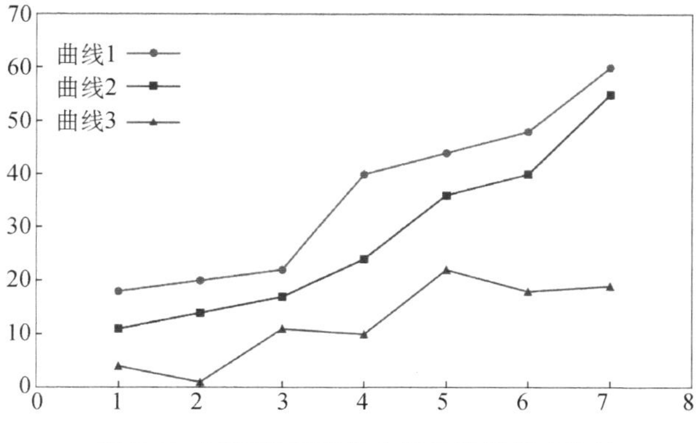


图 7-7　不同数据列的几何曲线相似度比较

#### 2. 基于灰色关联度分析的风险关联序模型

道路交通系统是一个不断发展变化的动态运行系统。在同一路段上常常出现多个不良驾驶行为同时存在的情况。在对不良驾驶行为导致的路段风险进行风险评估时，除了对单个场景进行风险等级评价外，还应该对多路段场景的风险水平进行排序，从而更好地辅助驾驶人的驾驶决策。

基于灰色关联度分析构建多个路段场景不良驾驶行为风险关联序模型的步骤如下。

(1) 确定参考数列和比较数列。

比较数列即为各场景在不同评价指标上的表现情况。对于定量指标，可直接采用其具体数值。对于定性指标，可通过大量的样本采集和统计分析将其定量化表示，或是根据专家打分的方式确定每一个场景在不同指标下的得分。参考数列可通过各比较数列中的最优值获得。由此可得到场景 $i$ 在每一个风险评估指标下的比较数列 $X_i$ 和参考数列 $X_0$。

(2) 计算灰色关联系数。

计算比较数列 $X_i$ 与参考数列 $X_0$ 在第 $j$ 个指标上的灰色关联系数 $\xi_i(j)$，如式(7-11)所示。

$$\xi_i(j)=\frac{\min\limits_{i,j}|X_0(j)-X_i(j)|+\rho\max\limits_{i,j}|X_0(j)-X_i(j)|}{|X_0(j)-X_i(j)|+\rho\max\limits_{i,j}|X_0(j)-X_i(j)|} \tag{7-11}$$

(3) 计算灰色关联度。

由风险评估指标权重可得权向量 $\bar{W}$。比较数列 $X_i$ 对参考数列 $X_0$ 的灰色加权关联度的计算公式，如式(7-12)所示。

$$r_i=\sum_{j=1}^{n}\bar{W}(j)\xi_i(j) \tag{7-12}$$

(4) 建立风险关联序。

计算得到各比较数列的灰色加权关联度，灰色加权关联度越大，表明比较数列 $X_i$ 与参考数列(即最优值)越接近，说明该场景的安全性越高。根据计算结果可建立各场景之间的风险关联序，即多场景之间风险水平的排序。

## 7.4 案例分析

### 7.4.1 典型场景选取

针对三类常见的不良驾驶行为，从其形成机理、致灾过程、风险特性等多方面考虑，从无人机拍摄的视频数据中提取了 3 个典型场景，3 个场景的信息分别采集自上海市嘉定区嘉松北路路段、曹安公路路段和黄渡绿苑路路段。各典型场景的具体信息如表 7-17 所示。

表 7-17　典型场景信息

| 风险评估指标 | 场景 1 | 场景 2 | 场景 3 |
| --- | --- | --- | --- |
| 车辆类型 $V_1$ | 小型车 | 小型车 | 小型车 |
| 平均车速 $V_2/(\mathrm{km}\cdot\mathrm{h}^{-1})$ | 16.694 | 15.823 | 9.552 |
| 道路类型 $R_1$ | 公路 | 公路 | 城市道路 |
| 道路线形 $R_2$ | 直线路段 | 直线路段 | 直线路段 |
| 车道数 $R_3$ | 2 | 4 | 2 |
| 天气条件 $E_1$ | 晴天 | 晴天 | 晴天 |
| 交通流密度 $E_2[\mathrm{veh}\cdot(\mathrm{km}\cdot\mathrm{lane})^{-1}]$ | 14 | 17 | 6 |
| 土地利用类型 $E_3$ | 工业用地 | 居住用地 | 商业用地 |
| 不良驾驶行为类型 $B_1$ | 不良超车 | 近距离跟驰 | 不良换道 |
| 不良驾驶行为持续时间 $B_2$/s | 7 | 10 | 12 |

场景 1：在晴天的天气条件下，小型车在公路的直线路段上发生不良超车的驾驶行为。其中，不良超车是指在不具备超车条件时强行超车，包括对向车道有车辆时超车、对向车道无车辆时频繁超车。超车行为是诱发事故的重要因素。因此，场景 1 主要针对的是在公路的直线路段，因小型车辆驾驶员的不良超车行为而引发的风险。

场景 2：在晴天的天气条件下，小型车在公路的直线路段发生近距离跟驰的驾驶行为。其中，近距离跟驰是指前后车车头时距或者距离过近，车距保持不足。在车速较高的情况下，如果与前车的间距过小，一旦前车紧急制动，极易导致追尾事故。因此，场景 2 主要针对的是在车流较为拥挤的直线路段，小型车的近距离跟驰行为进而引发的风险。

场景 3：在晴天的天气条件下，小型车在城市道路的直线路段上发生不良换道的驾驶行为。其中，不良换道行为是指频繁变换车道、连续双车道变换等。换道行为是最常见的基本驾驶行为之一，换道行为过于频繁会引起交通流的紊乱，导致冲突数增加，安全性显著降低[39]。因此，场景 3 主要针对的是不良换道行为引起的风险。

## 7.4.2　典型场景的风险等级

确定各场景评估指标的隶属度。根据风险评估指标的量化依据对 3 个风险场景进行指标量化，结果如表 7-18 所示。

表 7-18　典型场景风险量化结果

| 风险评估指标 | 场景 1 | 场景 2 | 场景 3 |
| --- | --- | --- | --- |
| 车辆类型 $V_1$ | 0.6 | 0.6 | 0.6 |
| 平均车速 $V_2$ | 0.5 | 0.7 | 0.8 |
| 道路类型 $R_1$ | 0.4 | 0.4 | 0.6 |

（续表）

| 风险评估指标 | 场景 1 | 场景 2 | 场景 3 |
| --- | --- | --- | --- |
| 道路线形 $R_2$ | 0.6 | 0.6 | 0.6 |
| 车道数 $R_3$ | 0.4 | 0.5 | 0.4 |
| 天气条件 $E_1$ | 0.8 | 0.8 | 0.8 |
| 交通流密度 $E_2$ | 0.6 | 0.6 | 0.8 |
| 土地利用类型 $E_3$ | 0.5 | 0.4 | 0.4 |
| 不良驾驶行为类型 $B_1$ | 0.5 | 0.4 | 0.6 |
| 不良驾驶行为持续时间 $B_2$ | 0.6 | 0.6 | 0.4 |

取量化得分作为该场景在某一评估指标下的隶属度，并作为云模型的期望 $E_x$。根据云滴贡献原则，熵 $E_n$ 的取值为 $E_x$ 所在评价等级云的论域区间的 1/6，超熵 $H_e$ 对评价结果影响较小，一般取为熵值的 1/10。由正向云发生器生成 2 000 个云滴，得到的云图分别如图 7-8、图 7-9 和图 7-10 所示。

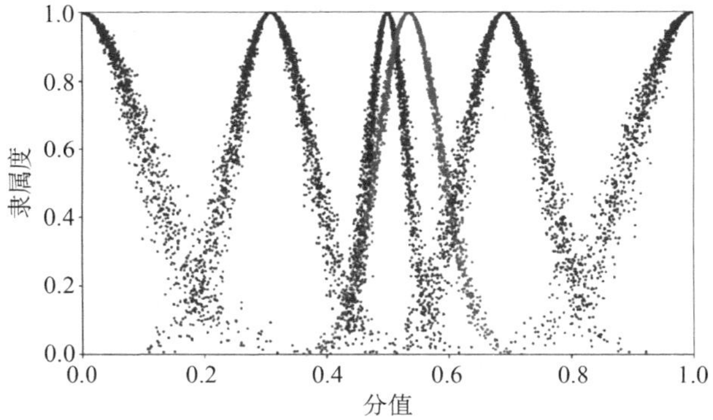


**图 7-8　场景 1 风险等级评价云图**

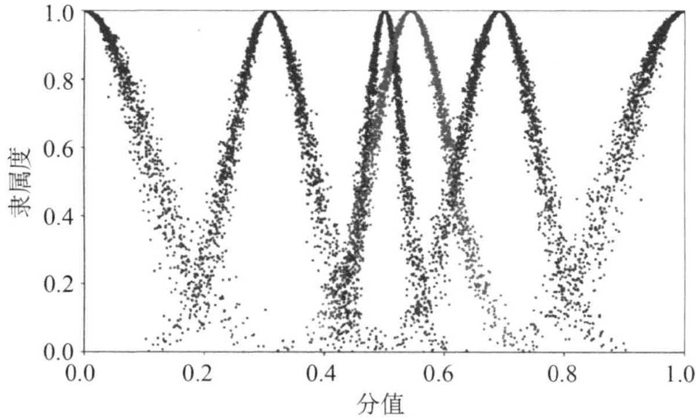


**图 7-9　场景 2 风险等级评价云图**

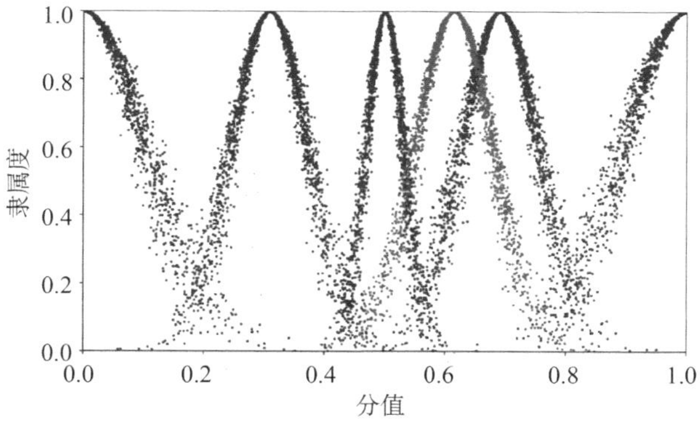


**图 7-10　场景 3 风险等级评价云图**

通过逆向云发生器得到场景隶属云 $C_{m1}$、$C_{m2}$ 和 $C_{m3}$，如表 7－19～表 7－21 所示。

**表 7-19　场景 1 隶属云 $C_{m1}$**

| 风险评估指标 | $E_x$ | $E_n$ | $H_e$ |
| --- | --- | --- | --- |
| 车辆类型 $V_1$ | 0.600 | 0.064 | 0.004 1 |
| 平均车速 $V_2$ | 0.500 | 0.031 | 0.003 6 |
| 道路类型 $R_1$ | 0.400 | 0.065 | 0.003 8 |
| 道路线形 $R_2$ | 0.598 | 0.064 | 0.003 4 |
| 车道数 $R_3$ | 0.400 | 0.065 | 0.006 3 |
| 天气条件 $E_1$ | 0.799 | 0.064 | 0.006 2 |
| 交通流密度 $E_2$ | 0.599 | 0.065 | 0.002 0 |
| 土地利用类型 $E_3$ | 0.500 | 0.032 | 0.004 5 |
| 不良驾驶行为类型 $B_1$ | 0.500 | 0.032 | 0.001 2 |
| 不良驾驶行为持续时间 $B_2$ | 0.600 | 0.065 | 0.009 8 |

**表 7-20　场景 2 隶属云 $C_{m2}$**

| 风险评估指标 | $E_x$ | $E_n$ | $H_e$ |
| --- | --- | --- | --- |
| 车辆类型 $V_1$ | 0.601 | 0.062 | 0.010 0 |
| 平均车速 $V_2$ | 0.702 | 0.066 | 0.004 0 |
| 道路类型 $R_1$ | 0.399 | 0.064 | 0.006 2 |
| 道路线形 $R_2$ | 0.599 | 0.063 | 0.005 7 |
| 车道数 $R_3$ | 0.500 | 0.031 | 0.002 6 |
| 天气条件 $E_1$ | 0.799 | 0.063 | 0.008 3 |
| 交通流密度 $E_2$ | 0.601 | 0.064 | 0.007 1 |

（续表）

| 风险评估指标 | $E_x$ | $E_n$ | $H_e$ |
|---|---|---|---|
| 土地利用类型 $E_3$ | 0.399 | 0.066 | 0.004 9 |
| 不良驾驶行为类型 $B_1$ | 0.401 | 0.065 | 0.007 6 |
| 不良驾驶行为持续时间 $B_2$ | 0.602 | 0.065 | 0.006 0 |

**表 7-21　场景 3 隶属云 $C_{m3}$**

| 风险评估指标 | $E_x$ | $E_n$ | $H_e$ |
|---|---|---|---|
| 车辆类型 $V_1$ | 0.600 | 0.065 | 0.004 5 |
| 平均车速 $V_2$ | 0.801 | 0.064 | 0.006 6 |
| 道路类型 $R_1$ | 0.599 | 0.063 | 0.004 1 |
| 道路线形 $R_2$ | 0.597 | 0.063 | 0.010 1 |
| 车道数 $R_3$ | 0.402 | 0.065 | 0.003 8 |
| 天气条件 $E_1$ | 0.800 | 0.063 | 0.005 7 |
| 交通流密度 $E_2$ | 0.801 | 0.064 | 0.009 1 |
| 土地利用类型 $E_3$ | 0.400 | 0.064 | 0.008 1 |
| 不良驾驶行为类型 $B_1$ | 0.600 | 0.064 | 0.007 7 |
| 不良驾驶行为持续时间 $B_2$ | 0.398 | 0.062 | 0.007 3 |

由风险评估指标的权重可得到因素集 $U$ 上的模糊权向量 $\bar{\boldsymbol{W}}$：

$$\bar{\boldsymbol{W}}=(0.089, 0.145, 0.138, 0.112, 0.042, 0.050, 0.075, 0.048, 0.196, 0.105)$$

根据式(7-9)，经过模糊合成运算可得到场景 1、场景 2 和场景 3 的评价场景云 $C_{s1}$、$C_{s2}$ 和 $C_{s3}$：

$$C_{s1}=(0.535, 0.052, 0.0040)$$
$$C_{s2}=(0.544, 0.063, 0.0060)$$
$$C_{s3}=(0.615, 0.064, 0.0070)$$

根据式(7-10)，分别计算评价场景云 $C_{s1}$、$C_{s2}$ 和 $C_{s3}$ 与各评价等级云的云距离，结果如表 7-22 所示。

**表 7-22　三个评价场景云与评价等级云的云距离**

| 场景 1 | | 场景 2 | | 场景 3 | |
|---|---|---|---|---|---|
| 云向量 | 云距离 | 云向量 | 云距离 | 云向量 | 云距离 |
| $(C_{s1}, C_{r1})$ | 0.468 | $(C_{s2}, C_{r1})$ | 0.457 | $(C_{s3}, C_{r1})$ | 0.387 |
| $(C_{s1}, C_{r2})$ | 0.157 | $(C_{s2}, C_{r2})$ | 0.147 | $(C_{s3}, C_{r2})$ | 0.076 |

（续表）

| 场景 1 | | 场景 2 | | 场景 3 | |
|---|---|---|---|---|---|
| $(C_{s1}, C_{r3})$ | 0.041 | $(C_{s2}, C_{r3})$ | 0.055 | $(C_{s3}, C_{r3})$ | 0.119 |
| $(C_{s1}, C_{r4})$ | 0.226 | $(C_{s2}, C_{r4})$ | 0.235 | $(C_{s3}, C_{r4})$ | 0.306 |
| $(C_{s1}, C_{r5})$ | 0.537 | $(C_{s2}, C_{r5})$ | 0.546 | $(C_{s3}, C_{r5})$ | 0.616 |

根据表 7-22 的计算结果，场景 1 的风险等级为Ⅲ级（中风险），场景 2 的风险等级为Ⅲ级（中风险），场景 3 的风险等级为Ⅱ级（低风险）。

虽然场景 1 和场景 2 的风险等级均为Ⅲ级（中风险），但每一级风险等级反映的是一定范围内的风险水平，因此在同为Ⅲ级风险的情况下，各场景的风险水平仍然有所差异。由于场景 1 和场景 2 与Ⅱ级风险（低风险）之间的云距离分别为 0.157 和 0.147，根据云距离的定义，可初步判断场景 2 与低风险水平的距离更近，场景 1 次之。下面通过风险关联序的计算来确定各场景风险水平的排序。

### 7.4.3　典型场景的风险关联序

首先，根据 3 个场景在各个风险评估指标下的得分情况，每项指标取最大值作为该项指标的最优值，由此可得到参考数列 $X_0$ 和 3 个场景的比较数列 $X_1$、$X_2$ 和 $X_3$，结果如表 7-23 所示。

**表 7-23　三个典型场景的比较数据列和参考数据列**

| 风险评估指标 | $X_1$ | $X_2$ | $X_3$ | $X_0$ |
|---|---|---|---|---|
| 车辆类型 $V_1$ | 0.6 | 0.6 | 0.6 | 0.6 |
| 平均车速 $V_2$ | 0.5 | 0.7 | 0.8 | 0.8 |
| 道路类型 $R_1$ | 0.4 | 0.4 | 0.6 | 0.6 |
| 道路线形 $R_2$ | 0.6 | 0.6 | 0.6 | 0.6 |
| 车道数 $R_3$ | 0.4 | 0.5 | 0.4 | 0.5 |
| 天气条件 $E_1$ | 0.8 | 0.8 | 0.8 | 0.8 |
| 交通流密度 $E_2$ | 0.6 | 0.6 | 0.8 | 0.8 |
| 土地利用类型 $E_3$ | 0.5 | 0.4 | 0.4 | 0.5 |
| 不良驾驶行为类型 $B_1$ | 0.5 | 0.4 | 0.6 | 0.6 |
| 不良驾驶行为持续时间 $B_2$ | 0.6 | 0.6 | 0.4 | 0.6 |

其次，由式(7-11)计算得到比较数列 $X_i$ 与参考数列 $X_0$ 在第 $j$ 个指标上的灰色关联系数，结果如表 7-24 所示。

表 7-24　灰色关联度系数计算结果

| 指标 | $X_1$ | $X_2$ | $X_3$ |
|---|---|---|---|
| 车辆类型 $V_1$ | 1.000 | 1.000 | 1.000 |
| 平均速度 $V_2$ | 0.333 | 0.600 | 1.000 |
| 道路类型 $R_1$ | 0.429 | 0.429 | 1.000 |
| 道路线形 $R_2$ | 1.000 | 1.000 | 1.000 |
| 车道数 $R_3$ | 0.600 | 1.000 | 0.600 |
| 天气状况 $E_1$ | 1.000 | 1.000 | 1.000 |
| 交通流特征 $E_2$ | 0.429 | 0.429 | 1.000 |
| 土地利用类型 $E_3$ | 1.000 | 0.600 | 0.600 |
| 不良驾驶行为类型 $B_1$ | 0.600 | 0.429 | 1.000 |
| 不良驾驶行为持续时间 $B_2$ | 1.000 | 1.000 | 0.429 |

最后，根据式(7-12)计算得到各比较数列的灰色加权关联度，如表 7-25 所示。

表 7-25　灰色加权关联度计算结果

| 比较数列 $X_i$ | $X_1$ | $X_2$ | $X_3$ |
|---|---|---|---|
| 灰色加权关联度 $r_i$ | 0.686 | 0.689 | 0.904 |

根据计算结果可知：

$$r_3 > r_2 > r_1$$

基于此可建立各场景之间的风险关联序，各场景之间的风险水平由低到高的排序为：

$$场景 3 < 场景 2 < 场景 1$$

由此可见，风险关联序的计算结果与风险等级的计算结果基本一致，证明综合风险评估模型具准确性和有效性。

## 参考文献

[1] 范贤涛. 不利天气下山区高速公路交通安全风险分析研究[D]. 北京：中国人民公安大学，2019.

[2] 张晖，刘永杰，吴超仲，等. 考虑行车安全事件严重程度和个体差异的驾驶行为风险评估[J]. 中国安全科学学报，2023，33(7)：24-31.

[3] 许晓慧. 驾驶愤怒行为特征分析及其干预措施的研究[D]. 南京：东南大学，2018.

[4] 牛世峰，马彬涛，刘彦君，等. 基于智能手环的愤怒驾驶行为动态检测方法[J]. 中国安全科学学报，2022，32(S1)：178-183.

[5] WHITE M E, JEFFERY D J. Some aspects of motorway traffic behavior in fog: No. LR 958 Monograph[R]. Crowthrone, UK: Transport and Road Research Laboratory, 1980.

[6] HAWKINGS R K. Motorway traffic behavior in reduced visibility conditions[C]//Proceedings of

Vision in Vehicles II: Second International Conference on Vision in Vehicles. Nottingham, UK: Ergonomics Society (Great Britain), 1988: 9-18.
[7] 阴春晔,田国红,韩忠浩,等. 雨天环境下驾驶行为研究[J]. 汽车实用技术,2019(15):242-244.
[8] WANG K, IVAN J N, BURNICKI A C, et al. Predicting local road crashes using socioeconomic and land cover data [J]. Journal of Transportation Safety and Security, 2017, 9(3): 301-318.
[9] 中华人民共和国国家统计局. 中国统计年鉴 2021[M]. 北京:中国统计出版社,2021.
[10] 朱勉宽. 大型车辆盲区目标检测跟踪与防撞预警研究[D]. 成都:西南交通大学,2017.
[11] 刘志强,王兆华,钱卫东. 基于速度的交通事故分析[J]. 中国安全科学学报,2005(11):35-38.
[12] KLOEDEN C N, MCLEAN A J, MOORE V M, et al. Travelling speed and the risk of crash involvement [R]. NHMRC Road Accident Research Unit, The University of Adelaide, Australia, 1997.
[13] 余剑方. 基于自然驾驶数据的驾驶行为研究[D]. 合肥:合肥工业大学,2020.
[14] 王长君,王励旸,李瑞敏. 道路因素对典型较严重道路交通事故严重性的影响分析[J]. 交通信息与安全,2016,34(3):10-17.
[15] 刘强,肖盛燮,梁爽. 弯道诱发道路交通安全事故分析[J]. 西部交通科技,2014(2):60-64.
[16] 张玉强,杜文卫,郭奇蔚,等. 山区公路平面线形对驾驶行为的影响研究[J]. 交通世界,2020(35): 31-32.
[17] 张晖,查尔斯·阿托姆博,张琦,等. 考虑道路平曲线设计的驾驶疲劳对车道保持能力影响研究[J]. 交通信息与安全,2017,35(2):9-15.
[18] National Highway Traffic Safety Administration. Traffic Safety Facts: Research Note[R]. U. S. Department of Transportation, HS 812 318, 2016.
[19] 蔡晓男. 重特大道路交通事故风险评估及防治对策研究[D]. 上海:上海交通大学,2016.
[20] 张旭欣. 基于驾驶行为和风险分析的主动安全管理研究[D]. 上海:同济大学,2022.
[21] KERNER B S. Three-phase traffic theory and highway capacity [J]. Physica A: Statistical Mechanics and its Applications, 2004, 333: 379-440.
[22] 王可,陆键,蒋愚明. 基于车辆行驶轨迹的道路不良驾驶行为谱构建与特征值计算方法[J]. 交通运输工程学报,2020,20(6):236-249.
[23] 郑贤清. 基于交通录像资料的交通流参数测量和模型研究[D]. 上海:复旦大学,2011.
[24] QUISTBERG D A, HOWARD E J, EBEL B E, et al. Multilevel models for evaluating the risk of pedestrian-motor vehicle collisions at intersections and mid-blocks [J]. Accident Analysis and Prevention, 2015, 84: 99-111.
[25] WIER M, WEINTRAUB J, HUMPHREYS E H, et al. An area-level model of vehicle-pedestrian injury collisions with implications for land use and transportation planning[J]. Accident Analysis and Prevention, 2009, 41(1): 137-145.
[26] 赵睿,袁其瑞,连家俊,等. 考虑双重不确定性的智能车辆碰撞风险评估[J]. 吉林大学学报(工学版),2024. DOI:10. 13229/j. cnkijdxbgxb. 20231290.
[27] Federal Highway Administration. Accident Data Analysis of Side-Impact, Fixed Object Collisions [R]. U. S. Department of Transportation, FHWA-RD-91-122, 1994.
[28] 杜殿虎. 山区高速公路交通安全保障理论与方法[D]. 西安:长安大学,2011.
[29] ZHANG P, FENG G. Application of fuzzy comprehensive evaluation to evaluate the effect of water flooding development[J]. Journal of Petroleum Exploration and Production Technology, 2018, 8: 1455-1463.
[30] XU X, YU F, PEDRYCZ W, et al. Multi-source fuzzy comprehensive evaluation[J]. Applied Soft Computing, 2023, 135: 110042.

[31] CHANG L. Application of fuzzy comprehensive evaluation based on genetic algorithm in psychological measurement[J]. Scientific Programming, 2021: 9607006.

[32] ZHONG C, YANG Q, LIANG J, et al. Fuzzy comprehensive evaluation with AHP and entropy methods and health risk assessment of groundwater in Yinchuan Basin, northwest China[J]. Environmental Research, 2022, 204: 111956.

[33] 沈进昌,杜树新,罗祎. 基于云模型的模糊综合评价方法及应用[J]. 模糊系统与数学,2012,26(6):1125-123.

[34] 李德毅,刘常昱. 论正态云模型的普适性[J]. 中国工程科学,2004,6(8):28-34.

[35] YAN W Z, NIU J, SU H Y. A study on program evaluation and review technology based on cloud model[C]//Industrial Engineering and Engineering Management, 2007 IEEE International Conference, Dec. 2-4, 2007.

[36] 邓聚龙. 灰色系统综述[J]. 世界科学,1983(7):1-5.

[37] 邓聚龙. 灰色系统理论教程[M]. 武汉:华中理工大学出版社,1990.

[38] 刘思峰,杨英杰. 灰色系统研究进展(2004—2014)[J]. 南京航空航天大学学报,2015,47(1):1-18.

[39] 杨俊. 车辆频繁换道对道路行车效率与安全影响研究[D]. 西安:长安大学,2016.